AF313103

AUX PIANISTES

PARTIMENTI

OU

TRAITÉ SPÉCIAL

DE

l'Accompagnement pratique

AU

PIANO

PAR

H. R. COLET,

Professeur d'Harmonie vocale et Instrumentale au Conservatoire Imp. de Musique,
Ancien Professeur Adjoint et Remplaçant Intérimaire de Reicha pour le Contrepoint et la Fugue;
Auteur de la Panharmonie Musicale.

Prix: 25f. net.

cet Ouvrage suivi dans les Classes du Conservatoire, est un complément nécessaire
de la Panharmonie Musicale du même Auteur.

2e Edition,
Revue et corrigée par Mr CREVECŒUR, Professeur d'Harmonie
ancien répétiteur de sa classe.

AE
1858

PRÉFACE.

L'élève trouvera dans ce livre les Basses, les Chants, les Cadences, et les Marches d'Harmonie qui lui sont nécessaires pour le complément de ses études musicales.

Lorsqu'il possède a fond les préceptes qui régissent l'Harmonie, il doit étudier ces *Partimenti* au Piano et les écrire aussi pour les voix. Les exercices au Piano rendent l'élève plus familier avec l'emploi des accords et avec toutes les formules Harmoniques; la réalisation de ces Basses avec des parties vocales lui apprend a écrire non seulement pour les voix mais aussi pour l'Orchestre.

J'ai placé a la fin de ces Partimenti quelques unes des leçons d'Harmonie de ma classe qui ont été couronnés aux concours annuels du Conservatoire de Musique; elles sont précédées de quelques considérations sur le style sévère qu'il convient d'appliquer à la musique d'école. L'élève trouvera dans ces leçons un guide sur pour celles qu'il devra composer avec les Basses renfermées dans cet ouvrage

J'ai écrit un chapitre historique et complet sur la théorie et l'application des chiffres anciens. J'ai expliqué avec beaucoup de soin la manière de réalisation les Basses chiffrées au Piano. J'ai fait aussi une analyse très détaillée des Marches ou Progressions Harmoniques

J'ai emprunté souvent a Fénaroli à *Sala* enfin aux meilleurs auteurs classiques quelques unes des Basses que je donne j'ai composé les autres.

J'ai écrit un chapitre sur la manière de chercher les imitations et j'ai démontré par des exemples qu'elles différence il y avait entre le style des anciens Pianistes et celui des modernes.

On trouve toujours à coté de la règle les exemples pratiques, dont quelques uns sont empruntés à Albrechtsberger.

J'ai réalisé pour le Piano quelques Basses de Féneroli, et quelques unes de celles que j'ai composées. La *règle d'octave* est suivie des Basses qui en sont le développement naturel; je donne ensuite les Suspensions avec les Basses qui les renferment.

J'ai arrangé pour le Piano toutes les marches connues; je les ai placées avant les Basses, dans lesquelles on doit les pratiquer.

Ce livre qui est, pour ainsi parler, le résultat pratique de la Panharmonie musicale contient des principes peu connus en France et sera j'ose l'espérer, de la plus grande utilité pour les Pianistes qui pourront apprendre facilement par eux mêmes, l'art de composer non seulement des études de Piano dans le style des grands maitres, mais aussi toute espèce de musique.

Puisse le public faire à ces *Partimenti* un accueil aussi empressé et aussi soutenu qu'à ma *Panharmonie musicale*.

Paris, ce 1 Octobre 1845

Hippolyte COLET.

Imp: Langlet, 18, r. Cadet.

REMARQUE.

J'ai suivi strictement dans ce nouvel ouvrage la marche que j'ai adoptée pour les études que l'on fait dans ma classe au Conservatoire. (1)

Maintenant l'élève, connaissant à fond toutes les règles qui régissent l'harmonie, se servira des chiffres et des clés qu'on emploie surtout dans les partitions anciennes, et dans les solfèges; notre but, jusqu'ici, avait été d'enseigner simplement l'harmonie et les premiers principes de la composition; voilà pourquoi nous nous servions seulement des *Clés de Sol*, et d'une nouvelle manière de chiffrer plus simple et plus rationnelle que celle de l'ancienne méthode; mais, à présent que l'élève possède ou doit posséder à fond toutes les règles de l'harmonie, je lui donnerai des chants et des basses écrits le plus souvent avec les clés d'*Ut*, et la clé de *Fa*, et chiffrés d'après la méthode ancienne.

CHAPITRE 55.

ÈCOLE ANCIENNE.

MANIÈRE DE CHIFFRER LES ACCORDS.

DES PARTIMENTI OU BASSES CHIFFRÉES.

Pour indiquer les accords que les notes d'une basse doivent porter, on se sert de chiffres ou d'autres caractères qu'on place sur les notes de cette basse; c'est ce que les italiens appellent *Partimenti*.

Dans les écoles d'Italie, on ne réalisait ces basses que sur le Piano; la main gauche jouait la basse, et la main droite *plaquait* les accords; ces exercices étaient donc préparés pour l'étude de l'accompagnement; aujourd'hui, on écrit sur les basses trois parties vocales, et plus rarement deux ou une.

On sait que le mot *Partimenti*, lorsqu'il est appliqué à la musique, signifie *distributions des chiffres sur la basse*, c'est-à-dire, *basse chiffrée*.

Les chiffres dont on se sert pour représenter les accords sur une basse sont: 2, 3, 4, 5, 6, 7, 8, 9, et rarement 0, 1, 10 ou X, 11, 12 et 13. Le chiffre 2 signifie un intervalle de seconde, le 3 une tierce, le 4 une quarte, ainsi de suite, n'importe leur distance de la basse: le zéro indique la suppression d'un intervalle dans l'accord sur lequel on le place; ainsi, les chiffres $\begin{Bmatrix}7\\0\\3\end{Bmatrix}$ signifient que dans cet accord de septième il ne faut employer que la tierce et la septième, en supprimant par conséquent la quinte. Un chiffre ne représente pas seulement l'intervalle qu'il indique, mais il suppose toujours un ou plusieurs chiffres sous-entendus; ainsi 2 suppose $\begin{Bmatrix}4\\2\end{Bmatrix}$ et quelquefois $\begin{Bmatrix}6\\4\\2\end{Bmatrix}$, *Exemple*,

DU 2 ET DU 3.

Un 3 représente $\begin{Bmatrix}5\\3\end{Bmatrix}$, ou $\begin{Bmatrix}8\\3\end{Bmatrix}$, ou $\begin{Bmatrix}5\\3\end{Bmatrix}$, ou $\begin{Bmatrix}8\\5\end{Bmatrix}$. Un accord parfait, lorsqu'il est précédé d'un accord dissonant, se chiffre par un 3, si la résolution de la dissonance se fait sur la tierce, parcequ'il est important de signaler la résolution de la dissonance, Exemple :

Le choix de ces différentes manières de chiffrer les accords de trois sons doit être déterminé par ce qui précède et par ce qui suit.

---

(1) On sait que ce nouvel ouvrage est un complément de la 3me édition de la Panharmonie Musicale.

Si on chiffrait de suite par des 3 plusieurs notes d'une basse, il ne faudrait prendre alors que des tierces, exemple,

Nous conseillons donc à l'élève, quand il écrira plusieurs accords parfaits sans renversement de ne pas les chiffrer par des 3,
mais par des 5, ou bien de ne pas les chiffrer du tout.

DU 4.

Le 4 suppose $\begin{cases}5\\4\\2\end{cases}$, s'il est isolé, et $\begin{cases}6\\4\\2\end{cases}$, s'il est précédé d'une +, (+ 4), exemple . . . .

DU 5 ET DU 6.

Un 5 suppose $\begin{cases}5\\3\end{cases}$;
un 6 sous-entend $\begin{cases}6\\3\end{cases}$,
exemple : . . . .

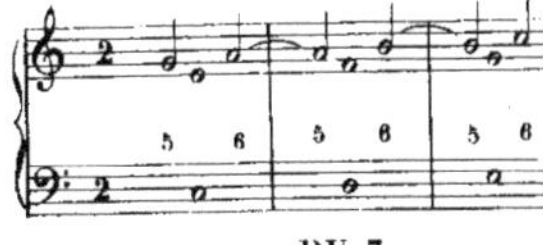

Le 5 barré, dans l'ancienne école, représente
6, c'est-à-dire, le 1er renversement de l'accord de
5 septième dominante. Aujourd'hui, le 5 s'applique à
l'accord diminué, pris dans son état direct.

DU 7.

Un 7 suppose $\begin{cases}7\\3\end{cases}$, quand on écrit une *suspension*, et $\begin{cases}7\\5\\3\end{cases}$ quand c'est un accord de *septième*. Le 7 suivi d'une + indique l'ac-

cord de *septième dominante*; s'il est précédé de la
croix + 7, il désigne l'accord de septième dominante sur
la tonique, qu'on appelle accord de *onzième tonique*,
le + 7 représente alors $\begin{cases}+7\\5\\4\\2\end{cases}$, exemple . . . .

Le 7 barré indique un accord de septième diminuée, et représente les chiffres $\frac{7}{5}$, exemple. . . . . .

DU 8 ET DU 9.

Le 8 suppose $\begin{cases}8\\5\\3\end{cases}$. Un accord de trois sons se chiffre par un 8 quand la résolution de la dissonance se fait sur l'octave.
Un 9 suppose $\begin{cases}9\\5\\3\end{cases}$, quand on fait une *suspension*, et $\begin{cases}9\\7\\5\\3\end{cases}$, quand il est suivi d'une +, parcequ'il indique alors l'accord de *neu-*

vième dominante, ex:

Je chiffre l'accord parfait d'ut $\frac{5}{3}$ à cause des résolutions de la septième et neuvième, qui se font sur la 3.^{ce} et sur la quinte de cet accord.

Plusieurs 8 écrits sur une basse indiquent qu'il faut faire marcher les parties en unissons ou en octaves, exemple: ....

Deux chiffres supposent aussi quelquefois d'autres chiffres sous=entendus; ainsi $\frac{4}{3}$ suppose $\frac{6}{4}{3}$; 6 peut sous-entendre $\frac{6}{5}{3}$; $\frac{4}{2}$ suppose quelquefois $\frac{6}{4}{2}$; 9 peut sous entendre $\frac{9}{7}$ et $\frac{9}{7}$, 9 représente $\frac{9}{6}{3}$, exemples:

$\frac{5}{4}$ ou $\frac{+4}{3}$ ou $\frac{10}{+4}$ ou $\frac{+4}{3}{2}$ et $\frac{10}{+4}{2}$ supposent $\frac{6}{+4}{5}{2}$, exemple...........

Le moyen le plus sûr de ne point se tromper serait d'écrire l'harmonie seulement à trois parties réelles, en ajoutant à chaque chiffre l'intervalle, ou les intervalles les plus essentiels. Les anciens employaient souvent cette méthode; il vaut mieux en effet retrancher une note peu essentielle de l'accord, que d'en ajouter une qui pourrait nuire à l'effet de la bonne harmonie. Voilà pourquoi on supprime souvent la quinte dans les accords de septièmes, surtout dans ceux de 2.de 3.me et 4.e espèces. L'élève sait que pour compléter les quatre parties, on double une des notes de l'accord, d'après les règles que nous avons données à la page 23.(A) L'harmonie qu'on écrirait à trois parties présenterait alors des suspensions plutôt que des accords de septièmes. Du reste, ces accords de *septième* ou de *neuvième* sont également bons, soit qu'on les traite comme tels, soit qu'on les écrive d'après les règles des suspensions. Il existe des *marches*

(A) Voyez la page 23 dans la Panharmonie.

4

harmoniques qu'on ne peut accompagner à quatre parties d'une manière irréprochable; dans ce cas sans doute, il vaut mieux supprimer la partie la moins importante. Si donc on voulait n'écrire qu'à trois parties, voici quels chiffres on devrait ajouter à celui qu'on aurait placé sur les notes de la Basse:

2	Représenterait $\frac{4}{2}$	6	Représenterait $\frac{6}{3}$	9	Représenterait $\frac{9}{3}$
3	.... $\frac{8}{3}$ ou $\frac{5}{3}$	7	.... $\frac{7}{3}$	On prendrait les doubles
+4	.... $+\frac{4}{2}$	+7	.... $+\frac{7}{2}$ ou $+\frac{7}{4}$	chiffres tels qu'ils seraient, sans rien leur ajouter.
5	.... $\frac{8}{3}$ ou $\frac{5}{3}$	8	.... $\frac{8}{3}$	

EXEMPLES ÉCRITS À TROIS PARTIES RÉELLES D'APRÈS CE PRINCIPE.

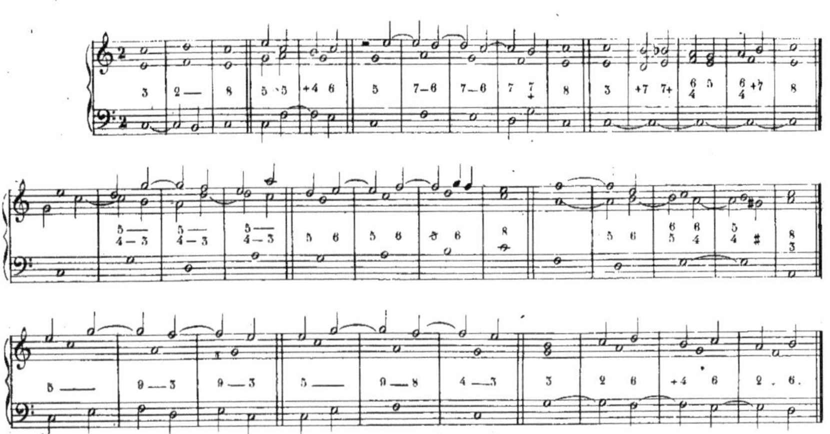

Lorsqu'on veut altérer certains intervalles, on se sert des signes ♯, ♭, ♮, +, qu'on place à côté des chiffres, de cette manière: ♮4, ♯5, ♭6, 7+, +7; quelques auteurs les écrivent après les chiffres, ainsi qu'il suit: 5♯, 6♮, 7♭; mais je préfère la première manière. Ces trois accidents ♯, ♭, ♮, conservent leurs propriétés; ainsi, ♯5 signifie qu'il faut placer un ♯ devant la quinte, qui devra alors être haussée d'un demi ton. Quelquefois pour ces trois chiffres seulement 4, 5, 6, on remplace le *dièse* ou le *bécarre* par ces abréviations 4, 5, 6, au lieu de ♯4, ♯5, ♯6, ou ♮4, ♮5, ♮6, suivant le ton.

La croix + est un signe d'augmentation; la barre qui traverse les chiffres est un signe de diminution. Cependant, pour le chiffre 6 seulement, lorsque cette barre est tracée ainsi ⊕, du haut en bas, elle remplace un ♯; si elle va de bas en haut ₲, elle remplace un ♭. Le 5, traversé par une petite barre, indique l'accord diminué. Dans l'ancienne école, il signifie aussi le 1ᵉʳ renversement de l'accord de septième dominante. C'est ainsi que le prenait Chérubini. Il y a confusion alors entre l'accord diminué et le 1ᵉʳ renversement de l'accord de septième dominante. Si la barre qui traverse le 5 allait du haut en bas ⅝, elle indiquerait alors l'augmentation, comme pour le 6; mais c'est rare.

Souvent, lorsqu'on veut exprimer l'altération de la tierce, on supprime le 3 et l'on écrit simplement les signes ♯, ♭, ♮, +, au dessus de la note de la basse. Lorsqu'un de ces signes est placé sous un chiffre quelconque, il représente également la tierce, qui subit l'altération qu'il indique,

(Pour l'accord de Septième Dominante, on écrit en général la + ou l'accident après ou sous le 7. (7+ au lieu de 7.))

Lorsque le signe est placé devant le chiffre, il fait subir à l'intervalle représenté par ce chiffre l'altération qu'il indique. Quelques auteurs écrivent ces signes au-dessus des chiffres, de sorte qu'ils représentent alors l'intervalle qui est à distance de tierce du dernier chiffre au-dessus duquel ils sont placés; ainsi, $\substack{+\\2}$ représente $\substack{+4\\2}$;..... $\substack{+\\4}$ représente $\substack{+4\\3}$; $\substack{♭6\\4}$ indique $\substack{♭6\\4\\3}$; mais je n'approuve pas ce système; il vaut mieux écrire le chiffre $\substack{+4\\2}$ au lieu de $\substack{+\\2}$.

Lorsqu'après un ou plusieurs chiffres ou autres signes on place une ou plusieurs barres, et qu'on les prolonge plus ou moins sur une ou plusieurs notes de la basse, cela veut dire qu'il faut tenir l'accord ou dumoins les notes représentées par ces signes jusqu'au chiffre suivant. Si l'accord reçoit plusieurs chiffres, et qu'on veuille prolonger sur plusieurs notes de la basse les notes qu'ils représentent, il faut placer alors de petites lignes à la suite de chacun de ces chiffres, jusqu'à ce qu'on veuille prendre d'autres notes et par conséquent changer d'accord; si au contraire on ne traçait une ligne qu'après un seul de ces chiffres, il ne faudrait prolonger alors que le son indiqué par ce chiffre; cette manière de *chiffrer* est surtout usitée pour les notes accidentelles et les suspensions, exemple:

Voici les chiffres que j'ai adoptés dans ma classe pour désigner les accords et leurs renversements d'après l'ancienne manière de chiffrer les accords:

(A) Ce renversement est appelé accord de *Fausse Quinte* par les anciens maîtres, ou accord de *Sixte et Quinte diminuée*.
(B) Ils appellent ce renversement accord de *Petite Sixte Majeure*, ou accord du *Sixte Sensible*.
(C) Ils appellent ce renversement accord de *Triton*, à cause de la Quarte augmentée que la basse fait avec la *Note Sensible*.

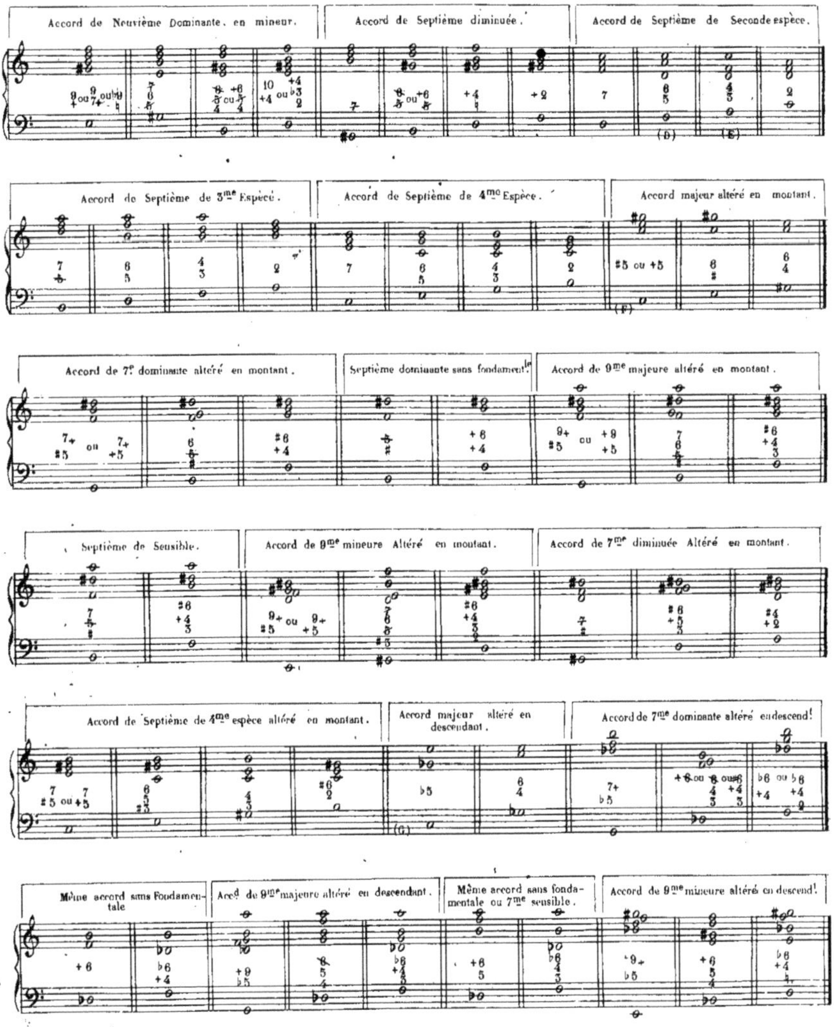

(D)   Ils appellent ce renversement accord de *Grande Sixte ajoutée* ou de *Sixte ajoutée*.

(E)   Ils appellent ce renversement de la 7.e accord de *Petite Sixte mineure*.

(F)   Ils appellent les accords dont la quinte est altérée en montant *Accords de quinte superflue, ou augmentée*.

(C)   Ils appellent les accords dont la quinte est altérée en descendant *Accords de sixtes superflue, ou augmentée*.

Les accords suivants ne sont que des accords de dominante, employés sur la pédale de la tonique, les anciens les appellent accords de 9me, de 11me *tonique* et de 13me *tonique*; on sait que pour les employer il faut avoir égard aux règles de la pédale; ou des suspensions.

On pourrait altérer la quinte de ces accords; on les chiffrerait alors de la manière suivante:

L'élève ne doit pas oublier que ce ne sont là que des accords de dominante frappés sur la pédale de la tonique; en nous conformant aux règles de la Pédale, et des accords altérés, nous saurons écrire tous ces accords selon les meilleurs principes; les chiffres et les noms qui leur sont donnés par l'école ancienne ne changent rien à leur véritable origine et à leur emploi. Ces accords se forment quelquefois aussi avec les Suspensions.

MANIÈRE DE CHIFFRER LES NOTES ACCIDENTELLES.

En général on ne chiffre pas les notes accidentelles. Ainsi, quand la basse fait des notes de passage, on écrit les chiffres sur la première note réelle, et l'on trace après ces chiffres des lignes qui se prolongent sur toutes les notes qu'on veut faire entendre pendant la durée du même accord. On ne chiffre pas les notes accidentelles qui se trouvent dans le chant qu'on veut accompagner par une basse chiffrée, exemple:

(H) Nous avons omis le 2me renversement dans l'accord de Septième dominante dont la quinte est altérée en montant, parcequ'il donne un intervalle de tierce diminuée; c'est pour la même raison que nous n'avons pas écrit certains renversements dans quelques accords *Altérés*.

(1) Les anciens maîtres chiffrent pourtant quelquefois au-dessus de la Basse toutes les notes du Chant, ainsi que nous pourrons le voir dans les Partimenti de *Sala*.

8

Les *Appogiatures*, les *Retards*, les *Syncopes* et les *Anticipations* ne s'indiquent pas lorsqu'on les place dans les parties hautes: mais quand ces notes accidentelles sont à la Basse, on écrit alors les chiffres sur les notes réelles, et l'on tire à la suite de ces chiffres une ou plusieurs barres qui se prolongent sur toutes les notes soit réelles, soit accidentelles, qui se font pendant la durée de l'accord. Si dans la Basse, une note accidentelle était frappée au commencement de la mesure, au moment où l'on fait entendre un accord nouveau, on ne devrait pas chiffrer cette note; il serait facile de la reconnaitre si l'harmonie était réalisée; mais si on devait présenter une basse chiffrée et non réalisée, on pourrait alors indiquer par un signe quelconque que cette note est accidentelle, et n'appartient à aucun accord, ce sont du reste des cas fort rares dans la musique d'école; exemple:

MANIÈRE DE CHIFFRER LES SUSPENSIONS.

On doit toujours indiquer par des chiffres les *suspensions* et leur *résolution*; lorsque la suspension se fait dans une partie supérieure, on chiffre d'abord la basse, comme si la suspension n'existait pas; puis, on indique par des chiffres nouveaux les intervalles que la suspension et la résolution, c'est-à-dire, la note qui fait la suspension, et celle qui reçoit sa résolution, font avec la basse; il est bien d'unir par un trait (4 – 3) les chiffres qui servent à indiquer la suspension et la résolution. Mais il faut que le chiffre ou les chiffres de la suspension, et la suspension elle-même ôtés, l'on reconnaisse et l'on retrouve les accords qu'on a voulu faire, exemple:

(*) Cet A placé au-dessus du *La* signifie que cette note est une Appogiature.

Lorsque la suspension est placée dans la basse, on indique par des chiffres tous les intervalles que les notes de l'accord, dans les parties supérieures, font avec cette suspension, et l'on chiffre la note sur laquelle la résolution se fait, comme si la suspension n'existait pas. Souvent au lieu de chiffrer cette note sur laquelle se fait la résolution, on trace de petites lignes à la suite des chiffres placés sur la suspension, et on les prolonge jusque sur la note de la résolution; cela signifie alors que les notes qui correspondent aux chiffres placés sur la suspension restent les mêmes pour l'accord de la résolution. Il est évident que les notes représentées par les chiffres de la suspension, si elles sont répétées telles qu'elles sont sur la résolution, doivent, d'après leur distance de la basse, faire reconnaitre l'accord. Dans le premier cas, pour s'assurer que les chiffres sont bien choisis, il faut qu'en retranchant la note qui fait la suspension, et les chiffres qu'on a placés au dessus de cette note, on retrouve l'accord tel qu'on a voulu le faire. Exemple:

D'après cela, dans une cadence parfaite ou imparfaite, lorsque l'accord de septième dominante celui de septième diminuée et ceux de neuvième majeure et mineure avec ou sans fondamentale se prolongent sur la tonique placée à la basse, on les chiffre ainsi:

<hr>

(1) Nous conseillons à l'élève de ne pas faire une altération en même temps qu'une suspension; quoique ce cas soit praticable, il vaut mieux l'éviter, parcequ'il peut donner un effet peu agréable.

VOICI UN TABLEAU

Qui contient les chiffres employés pour les suspensions qui sont usitées dans
l'ancienne école. (A)

2.   2 — 3,   2 — 6,   2 — 6,
                                    5

4.   4 — 3,   4 — 3,   4 — 6,   4 — 7+,   4 ___,   4 — 5.
                  6   2 — 7   3   5 — 5   2

5.   5 ___,   5 — 6,   5   6,   5 — 6,
         4 — 3   2   4   5
                           2

6.   6   6   6
         5 — 6,   5 ,—+4,   6 — 7+,   6 — 6,   5 — 6,   6 — 5,
         4   4   2   5   5 — 4   3   4   2

7. 7—6, 7—6, 7—6, 7—6, 5—7+, 4—6, +7—3, +7—6, 7—5, 7—3, 7—7, 7—7+, 7—6, 7+ +7,
        5   6   4 4   4   3   6   5   4   5—5

9. 9—8, 9—3, 9—6, 9—8, 9—8, 9—5, 7—7, 9—8, 9—8, 9—8, 7—6,
                            6___ 4—3 7+ 3 4—3 6—6 7—6 7—7 5—5

JE VAIS DONNER MAINTENANT

les exemples musicaux de tous ces chiffres,

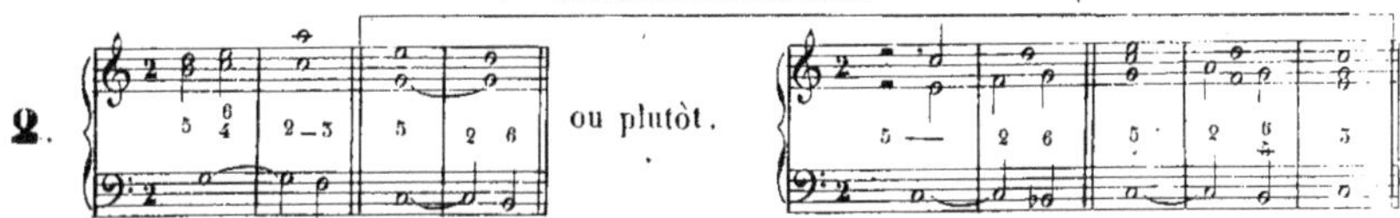

5.

MANIÈRE DE CHIFFRER LA PÉDALE.

Nous avons déjà dit qu'indépendamment de la note qui fait *pédale*, on doit considérer la partie placée immédiatement au-dessus comme une bonne basse. En chiffrant cette seconde basse, sans avoir égard à la *pédale*, on s'affranchit de toutes les difficultés qu'on éprouve lorsqu'on veut indiquer l'harmonie sur une pédale, surtout dans la musique moderne, où l'on place tant d'accords étrangers sur cette pédale.

Dans la musique ancienne, l'harmonie qu'on écrit sur une *pédale* est ordinairement une *marche harmonique* qui ne module pas, et dans laquelle toutes les parties descendent par dégrés conjoints; cette marche harmonique se chiffre souvent par **7—6**; quelquefois aussi on choisit une progression ascendante, qu'on chiffre alors par **5—6**; autrement, on n'introduit sur cette pédale que deux accords qui lui sont étrangers, celui de 7me de seconde espèce, qu'on chiffre par $\frac{4}{2}$ et les accords de dominante qui sont sur la pédale *ut*, par exemple, (*sol, si, ré, fa,*)(*si, ré, fa,*)(*sol, si, ré, fa, la,*)(*sol, si, ré, fa, la♭,*)(*si, ré, fa, la,*)(*si, ré, fa, la♭,*)Dans l'ancienne école, on a donné un nom particulier à chacun de ces accords, qu'on a désignés aussi par de nouveaux chiffres; voici comment:

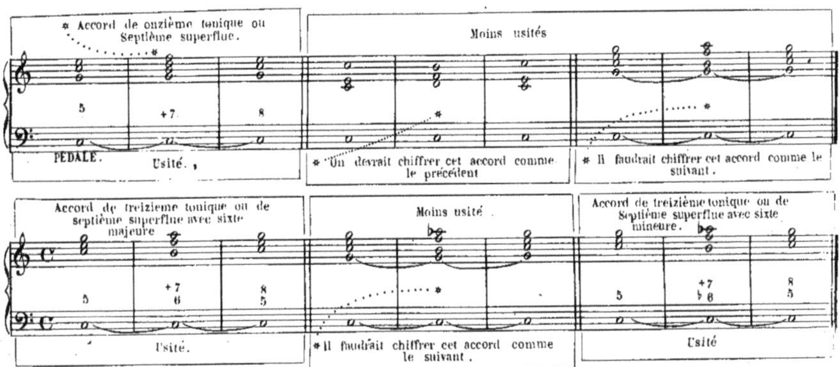

Voici une pédale sur laquelle nous frappons ces accords:.

Ces accords de *onzième tonique*, et de *treizième tonique* ne sont que les accords de *septième dominante*, de *septième de sensible* et de *Septième diminuée*, frappés comme accords étrangers sur une pédale, formée par la tonique de leur gamme; ils s'emploient surtout avec la pédale de la tonique, parcequ'ils font leur résolution sur l'accord de tonique, de sorte que cette pédale devient souvent note réelle de l'harmonie; et presque toujours aux endroits qui reçoivent des repos, puisqu'il existe ordinairement une cadence, là où un accord dissonant fait sa résolution; ce qui place parfaitement cette pédale dans la règle que nous lui avons appliquée à la page 160.* On voit aussi qu'on peut moduler sur la pédale, mais en la considérant tantôt comme tonique, et tantôt comme dominante.((*) Voyez la Paoharmonie, page 160.)

La *pédale* sur la dominante reçoit, outre les accords de *onzième* et *treizième tonique*, toutes les *marches harmoniques* qui restent dans les tons de la tonique ou de la dominante. Nous savons que cette Pédale doit commencer par le repos à la Dominante, et finir par le repos à la Dominante, ou par la cadence parfaite.

Nous avons vu déjà de quels chiffres il fallait se servir pour désigner les accords étrangers, lorsqu'on voulait chiffrer la pédale; quand on emploie les marches harmoniques, on place les chiffres sur la pédale, suivant l'ordre qu'on assigne aux différentes parties de l'harmonie, et d'après leur distance de la pédale, exemple:

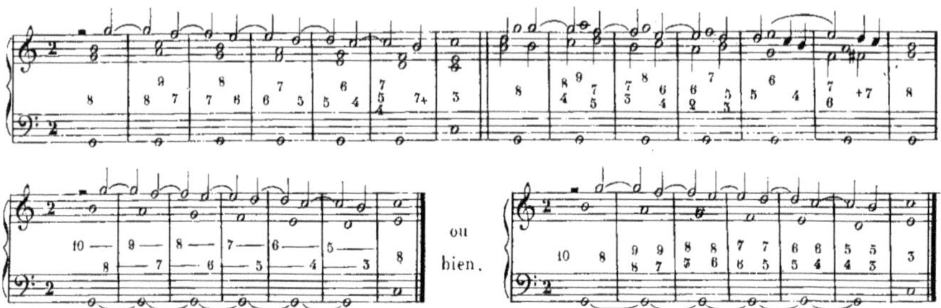

ou bien.

Mais il est bien plus simple et plus facile de chiffrer la partie de Ténor, et nous conseillons à l'élève de pratiquer cette méthode, exemple:

N. B. Souvent, lorsqu'on introduit des dessins mélodiques, on ne chiffre point la Pédale, à cause de la difficulté qui se présente: c'est alors surtout qu'on doit pratiquer le principe que nous venons de donner, et qui consiste à chiffrer la partie du *ténor.*

L'expression *tasto solo,* (à touche seule,) qu'on place ordinairement au-dessus d'une Pédale, indique qu'il ne faut faire entendre comme accompagnement que les seules notes de cette Pédale; de sorte que la main droite jouerait le chant sur le Piano, tandis que la main gauche ne ferait entendre que la note de la Pédale; lorsque ces mots sont placés sur une ou plusieurs notes de la basse, et qu'il n'existe pas de partie supérieure, cela signifie alors qu'il faut jouer la basse seule.

Souvent, dans les premières mesures d'une exposition de fugue, le compositeur désire ne faire entendre que deux parties, telles qu'il les a conçues; on écrit alors ces deux parties soit dans une même portée, soit sur deux portées différentes, ainsi qu'on peut le voir dans quelques *Partimenti* de Fenaroli et de Sala.

RÉFLEXIONS GÉNÉRALES.

Nous nous servirons donc pour les suspensions des chiffres que nous avons donnés; n'oublions pas que:

1er Rang.	2d Rang.		1er Rang.	2d Rang.		1er Rang.	2d Rang.
2	Signifie $\frac{6}{4}$,		$\frac{4}{2}$	Signifie $\frac{5}{4}$,		$\frac{6}{5}$	Signifie $\frac{6}{5}$,
4	$\frac{5}{4}$,		$\frac{4}{5}$	$\frac{6}{4}$,		7	$\frac{7}{3}$ ou $\frac{7}{5}$,
						9	$\frac{9}{5}$.

Nous employerons surtout les chiffres qui occupent le premier rang; ainsi, au lieu de $\frac{5}{4-3}$, nous écrirons simplement 4—3; au lieu de $\frac{5}{2}\ \frac{6}{5}$, nous écrirons $\frac{4}{2}\ \frac{6}{5}$; il est bien entendu qu'on pourra se servir aussi des chiffres qui occupent le second rang dans le tableau que nous venons de donner; mais en général, on n'emploie tous les chiffres que lorsqu'on module, parcequ'il est essentiel alors d'indiquer les accidents étrangers à la gamme primitive devant les chiffres qui représentent les notes qu'on veut affecter de ces signes (# ♭ ♮) accidentels; dans tout autre cas, il est inutile de multiplier les chiffres.

Lorsque les accords de *onzième tonique* et de *treizième tonique* sont employés comme suspensions, au lieu de les chiffrer, on peut tracer de petites lignes après les chiffres qui représentent les notes ou l'accord qu'on veut suspendre, de cette manière,

Lorsque dans l'ancienne école, on emploie ces accords sur une pédale, alors on leur donne les chiffres +7, $+\frac{7}{6}$, $\flat\frac{+7}{6}$. Souvent, au lieu d'écrire sur l'accord qui sert de résolution à une suspension les chiffres qui lui sont propres, on prolonge par de petites barres les chiffres qu'on a placés sur la suspension jusqu'à l'accord sur lequel se fait la résolution, de cette manière,

Au lieu de :

Mais l'une et l'autre manière sont également bonnes.

N.B. Je répète souvent les mêmes choses dans ce chapitre sur les chiffres, parcequ'il est très difficile de se rappeler tout ce qui concerne le *Chiffrage* ancien des accords.

(1) Les anciens appellent cette suspension accord de *septième superflue*, ou *onzième Tonique*.

(2) Ils appellent cette suspension, accord de *septième superflue avec sixte majeure*, ou treizième tonique.

(3) Cette suspension est appelée par eux accord de *quinte superflue*.

(4) Ils désignent cette suspension par le nom d'accord de *septième superflue avec sixte mineure*, ou *treizième tonique*. L'élève sait que ce ne sont là que des suspensions triples et quadruples, qu'il faut traiter d'après les règles des suspensions. Les anciens maîtres confondent ces suspensions avec les accords de dominante frappés sur une *pédale-tonique*; ils leur donnent les mêmes noms.

VOICI UN TABLEAU GÈNÈRAL DES SUSPENSIONS

AVEC LEURS CHIFFRES LES PLUS USITÉS DANS L'ANCIENNE ÉCOLE.

SUSPENSIONS SIMPLES DE LA FONDAMENTALE.

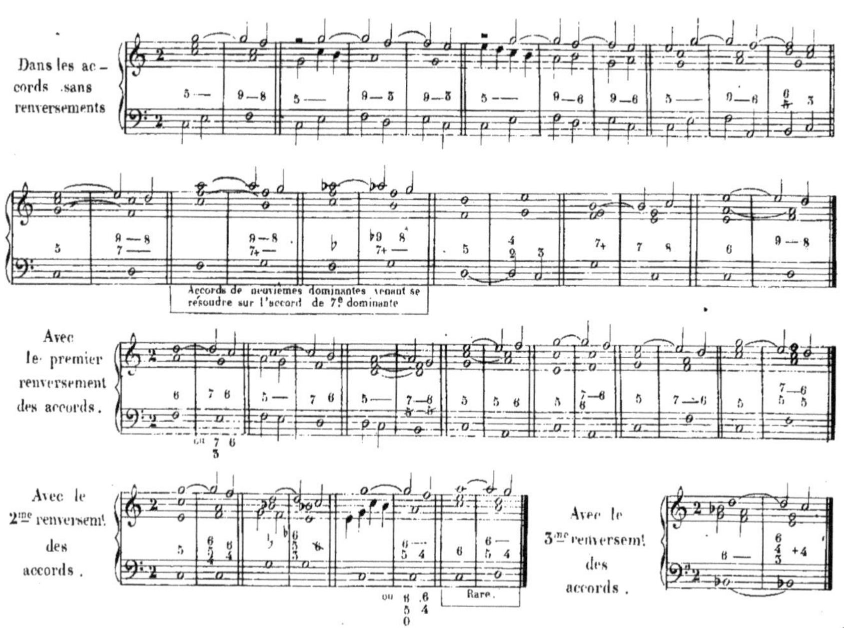

SUSPENSIONS SIMPLES DE LA TIERCE.

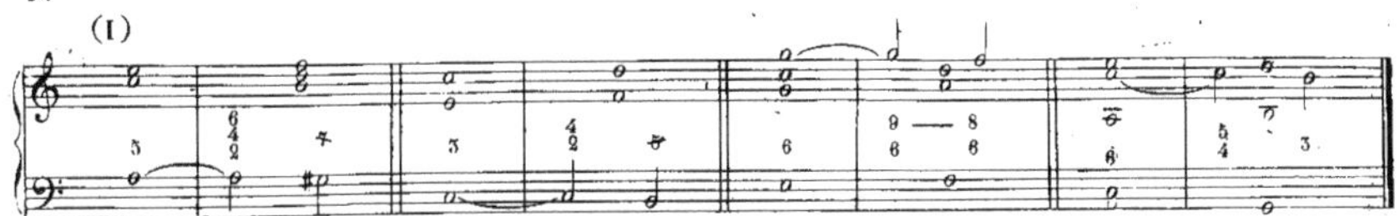

Avec le 2.^e renversement des accords.

Avec le 3.e renversement des accords.

SUSPENSIONS SIMPLES DE LA QUINTE.

Dans les accords non renversés.

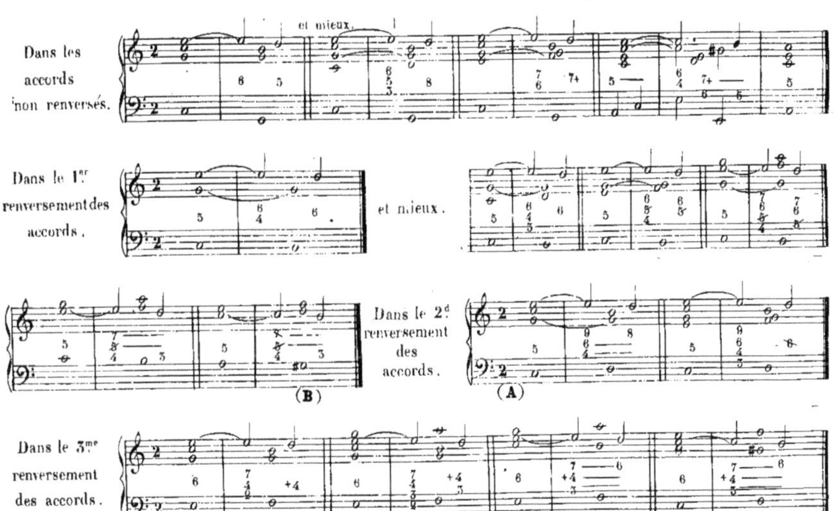

Dans le 1.er renversement des accords.

Dans le 2.^d renversement des accords.

Dans le 3.me renversement des accords.

(1) Nous regardons ces accords comme dérivés des accords pris sur la dominante, et dont on a retranché la fondamentale, voilà pourquoi nous les plaçons dans le 1.er renversement des accords.

(2) Nous considérons ces deux accords comme dérivés de la 7.e dominante, dont on a retranché la fondamentale.

(A) La suspension de la quinte dans le second renversement n'est pas très usitée, cependant on fait cela surtout dans la formule de cadence parfaite.

(B) Je regarde cet accord comme dérivé de la 9.e mineure, dont on a supprimé la fondamentale.

SUSPENSIONS DOUBLES.

SUSPENSIONS TRIPLES.

SUSPENSIONS QUADRUPLES.

LES EXEMPLES SUIVANTS

semblent participer des *Suspensions* et des accords de *Septièmes*

EXERCICES SUR TOUS LES ACCORDS.

Je vais donner sur les accords et leur emploi des exemples avec lesquels l'élève devra s'exercer dans toutes les gammes et dans toutes les positions: c'est le meilleur moyen connu pour apprendre la *Basse chiffrée*.

ACCORDS DE TROIS SONS DANS LE MODE MAJEUR:

Ou bien,

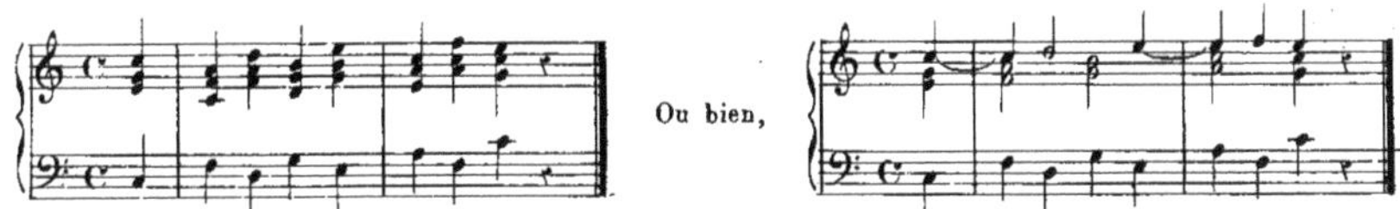

La 1ère position qu'on prend ici dans le 1er exemple est la meilleure; si on se servait de la 3me et surtout de la 2de, il en résulterait fréquemment des *Quintes cachées* faites d'après la 2de et la 3me exceptions, exemple:

EXERCICES SUR CETTE MARCHE DE BASSE:

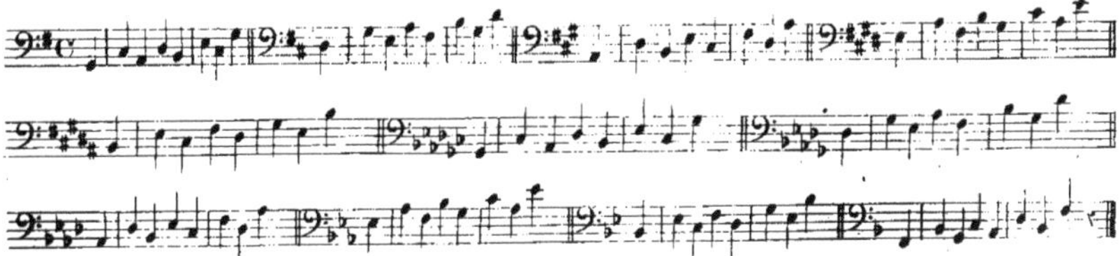

ACCORDS DE TROIS SONS DANS LE MODE MINEUR.

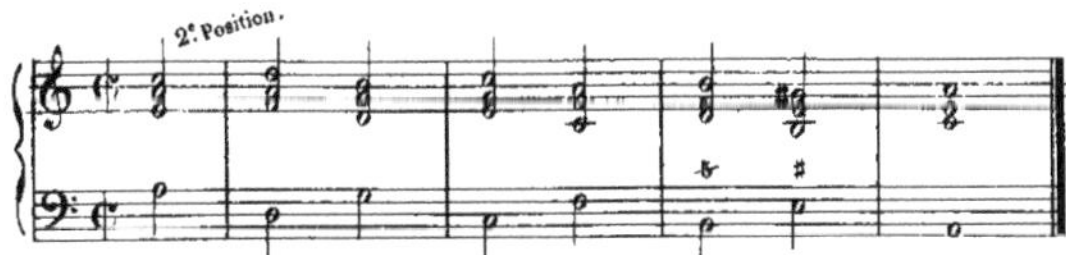

Cette progression faite par le mouvement semblable produirait des Quintes et des Octaves cachées, exemple:

On pourrait à la rigueur prendre le mouvement semblable en commençant par la première position, mais il n'est pas d'une bonne école que toutes les parties aillent par le même mouvement.

On ferait encore des fautes de Quintes cachées si, en faisant marcher la main droite par mouvement contraire avec la Basse, on commençait par la 3.me position; mais on pourrait commencer par la 1ère position, exemple:

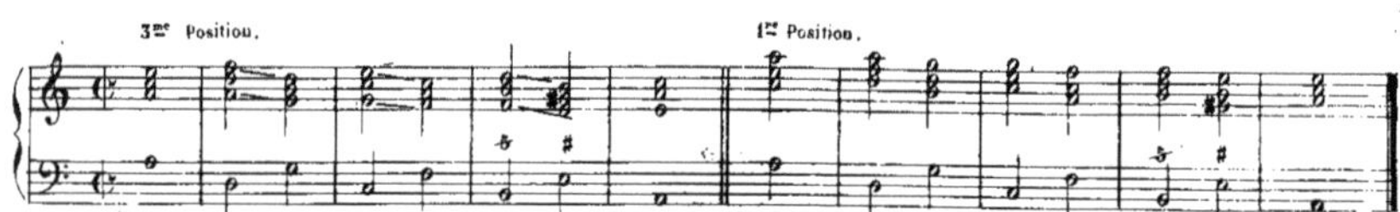

Je donne ici toutes ces analyses afin d'enseigner aux élèves comment on doit apprendre à accompagner la Basse chiffrée avec élégance et correction.

EXERCICES SUR CETTE MARCHE DE BASSE:

L'Élève transposera ainsi dans tous les tons les Marches Harmoniques qu'il rencontrera dans le cours de cet ouvrage; il devra commencer le plus souvent par la position qui lui donnera la meilleure réalisation.

ACCORDS DE SIXTE:

Lorsque plusieurs accords de Sixte se suivent sans interruption et par dégrés conjoints dans la Basse, il faut employer le plus possible le mouvement contraire entre la main Droite et la main Gauche, et supprimer ou doubler et même ajouter quelquefois un intervalle, au lieu d'en doubler un. On ne devrait employer tout-à-fait le mouvement semblable entre les deux mains qu'en écrivant à trois parties, exemple:

Nous avons souvent ajouté une note dans l'accord de Dominante pour rendre la réalisation plus facile et plus complète, c'est ainsi que nous avons fait:

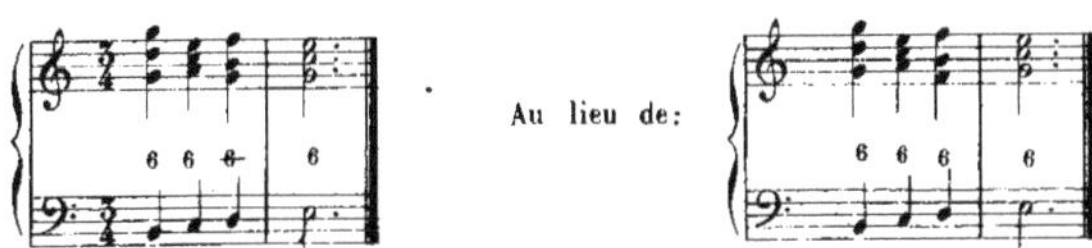

EXERCICES SUR LES EXEMPLES PRÉCÉDENTS:

L'élève pourra se servir dans ces exercices de l'accord de Septième Dominante ainsi que nous l'avons fait dans les exemples précédents réalisés pour le Piano.

ACCORDS DE SEPTIÈME DE 1ᵉʳᵉ ET 2ᵈᵉ ESPÈCES:

EXERCICES:

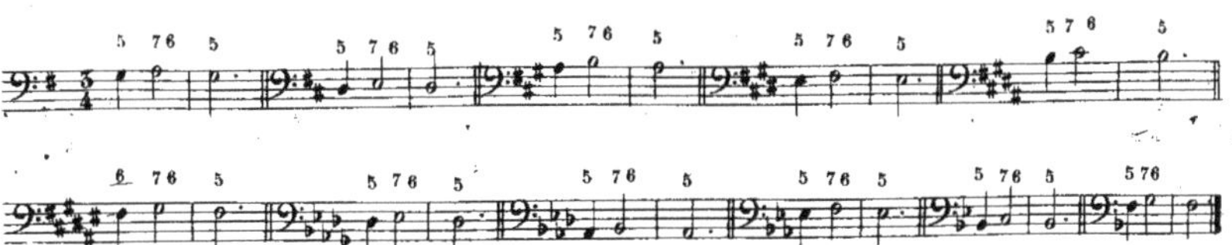

(*) Les anciens maîtres recommandent de préparer la Quinte des Septièmes dérivées, lorsqu'on veut l'employer. Cette préparation se fait comme celle de la *Quarte juste* à la Basse; mais elle est inutile ici.

L'Élève transposera ces exercices dans les tons mineurs.

EXERCICES:

L'Élève transposera ces exercices dans tous les tons mineurs, en procédant ainsi: *La* mineur, *Mi* mineur, *Si* mineur, *Fa* ♯ mineur, *Ut* ♯ mineur, *Sol* ♯ mineur, *Ré* ♯ mineur, *Si* ♭ mineur, *Fa* mineur, *Ut* mineur, *Sol* mineur, et *Ré* mineur. La Septième de seconde espèce se change alors en Septième de troisième espèce.

REMARQUES: Lorsqu'on monte vers la Fondamentale de la Septième de 2ᵐᵉ espèce par dégrés conjoints, on supprime sa Quinte, afin d'éviter les fautes de Quinte; (voyez l'exemple A.)

Si au contraire on descend conjointement sur la Fondamentale de cette Septième, on peut employer cet accord avec ses quatre notes, (voyez l'exemple B,) parcequ'ici on arrive par mouvement contraire sur la Quinte parfaite. On pourrait néanmoins supprimer la Quinte de la Septième, exemple:

J'ai dit à la page **4**, au chapitre sur les chiffres, que l'harmonie la plus correcte était celle à trois parties, appelée *Triade* par les Allemands. En effet, les anciens maitres regardaient les *Septièmes* dérivées comme des accords de Sixte, dans lesquels la Septième n'était placée que comme un retard; ainsi pour eux, [représentait] et non [...]. Voilà pourquoi ils supprimaient la Quinte dans les accords de Septièmes dérivées. (1) Ils pensaient que la meilleure harmonie était celle de trois sons, dont deux étaient essentiels, et le troisième accessoire. Malheureusement cette opinion est combattue par les accords de *Septième Dominante et de Septième Diminuée*, qui peuvent s'employer avec leurs quatre notes. Nous devons nous hâter de dire pour la gouverne de l'élève qu'on n'est tenu de supprimer la Quinte des Septièmes dérivées que lorsqu'on ne peut l'employer sans faire des fautes; il est donc indifférent de la doubler ou de la supprimer. Nous avons déjà dit que les anciens préparaient cette Quinte des 7ᵐᵉˢ dérivées.

---

(1) Voyez dans la Panharmonie la page 90, §§ 100.

De ce que nous disons que l'harmonie la plus facile à écrire correctement est celle de trois sons, il ne suit pas que la meilleure composition doive être nécessairement celle à trois voix, parceque, pour obtenir même l'harmonie à trois sons, (ce que nous appelons *Triade* ou accord de trois sons,) on est souvent obligé, à cause de la diversité des mouvements, d'employer quatre parties, ou un plus grand nombre. Les compositeurs savent bien qu'en écrivant à trois parties, il est impossible de toujours compléter les accords de trois sons, si ce n'est dans quelques Marches Harmoniques.

Lorsqu'on va de l'accord du cinquième dégré à celui du sixième dégré dans une gamme mineure, on est obligé de doubler la tierce du second accord pour obtenir la réalisation la plus correcte, exemple:

Voilà pourquoi dans les exemples suivants nous supprimons la Quinte dans la Septième de 4.me espèce, et nous doublons la Tierce,

EXERCICES SUR LES EXEMPLES D:

Lorsqu'on fait une suite de *Septièmes* sur une Basse qui marche par Quartes et par Quintes, comme dans l'exemple suivant, on supprime ordinairement la Quinte dans l'une en la laissant subsister dans celle qui la suit ou qui la précède, exemple:

L'élève transposera également ces exemples dans tous les tons, de la même manière que nous l'avons fait précédemment.

C'est pour rendre la réalisation plus correcte qu'on double ou qu'on supprime certaines notes dans ces accords. La *réalisation* que nous donnons ici est la plus usitée; on peut néanmoins en trouver d'autres.

La réalisation des accords de Septièmes reste la même, lorsqu'on suspend leur tierce, exemple:

Septièmes dérivées et Septième diminuée dans leur 3.me renversement, appelées aussi accord de. Seconde mineure, Seconde majeure, et Seconde augmentée.

Septième de 3.me espèce dans son troisième renversement, appelée accord de Seconde mineure.

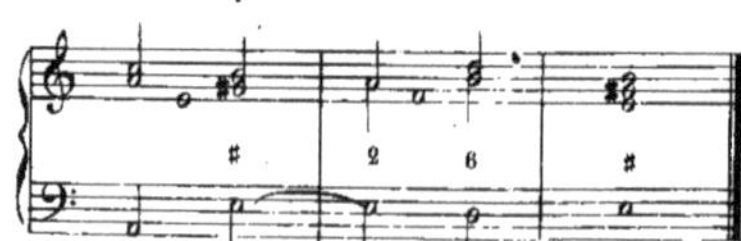

Si dans le second accord, au lieu du *Sol* ♮, on prenait *Sol* ♯, il faudrait faire monter ce *Sol* ♯ au *La* qui se trouverait doublé; le *Fa* serait amené par le *Mi*; exemple:

24.

On supprime alors l'*Ut* qui est la Quinte du 3.me accord, afin d'éviter deux Quintes consécutives, exemple:

Le *Si* et le *Sol* ♯, dans le second accord, doivent donc aller au *La*. On pourrait, sans doute, faire descendre le *Sol* ♯ au *Fa*, mais l'intervalle de Seconde augmentée qui en résulterait serait contraire à la bonne mélodie; exemple:

Il vaudrait mieux alors disposer les accords de la manière suivante:

On obtient ainsi une harmonie à quatre parties réelles:

Septième de seconde espèce dans son troisième renversement, appelée Accord de Seconde majeure:

EXERCICES.

Septième diminuée dans son 3.me renversement, appelée accord de Seconde augmentée:

EXERCICES:

Suspension de la Tierce, appelée accord de Quarte et Quinte, $\left\{{5\_\atop 4\_3}\right\}$:

DANS LE MODE MAJEUR:

On trouvera d'autres manières de réaliser cette Suspension dans les exemples de Marches Harmoniques que je donne aux pages 191, 192, et 197.

EXERCICES SUR L'EXEMPLE PRÉCÉDENT.

DANS LE MODE MINEUR :

Il faut éviter la réalisation suivante qui donne deux Quintes dans le N.° 1, et deux Octaves avec la Basse dans le N.° 2,

Si l'on voulait prendre la Sixte augmentée, il faudrait réaliser l'Harmonie de la manière suivante :

EXERCICES :

Emploi de l'accord de Septième Dominante dans son troisième renversement, appelé alors accord de Triton.

(1) On pourrait chiffrer cet accord par un 6 traversé d'une barre allant de bas en haut, ₆.

EXERCICES:

Accord de Septième Diminuée dans son second renversement:

EXERCICES:

Accord de Septième Diminuée venant se résoudre sur l'accord de Septième Dominante:

EXERCICES:

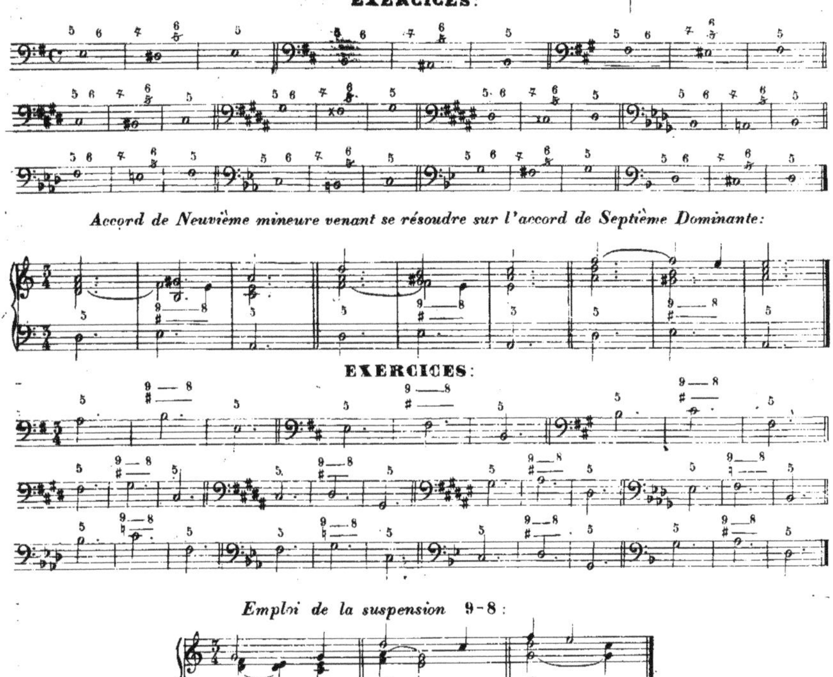

EXERCICES:
Accord de Neuvième mineure venant se résoudre sur l'accord de Septième Dominante:
EXERCICES:
Emploi de la suspension 9-8 :

En majeur.
EXERCICES:
En mineur.

CHAPITRE 57.

ACCOMPAGNEMENT PRATIQUE AU PIANO.

RÈGLES GÉNÉRALES :

On peut placer une, deux, trois, quatre, cinq, six et jusqu'à 11 notes à la fois sur une note de la Basse, 

Mais ordinairement dans la réalisation au Piano des *Partimenti* ou Basses chiffrées, il suffit de former avec la main Droite les intervalles chiffrés, tandis que la main Gauche touche la Basse, et reste, pour ainsi dire, dans la même place qu'on a choisie en commençant, au lieu de sauter çà et là sur le clavier pour frapper les notes de l'accord.

Il faut tacher de ne pas dépasser cette étendue 𝄞 dans la main droite, et même celle-ci 𝄞 , lorsqu'on a des voix à accompagner.

Quand on accompagne la partition, on subordonne alors la place des mains à celle des parties de cette partition. Mais si on accompagne une voix, ou si on réalise des Basses chiffrées, il faut conserver autant que possible la position par laquelle on a commencé, afin que la main Droite ait la même position à la fin et au commencement du morceau.

Lorsqu'une note est commune à deux accords, il faut la faire avec le même doigt. Il peut y avoir des exceptions à ce principe.

On réalise les accords au Piano comme sur le papier, en évitant toutes les fautes d'Harmonie ; mais on emploie toutes les exceptions.

Il faut toujours entretenir du mouvement dans chaque mesure. Dans un mouvement lent, lorsque la Basse fait des Rondes, l'accompagnement sera plus élégant si l'on frappe deux accords sous chaque Ronde, exemple :

Lorsque toutes les parties marchent à l'Octave, on joue la Basse seule ; on ne la double en Octaves que dans les *Forte* ; la main droite et la main gauche jouent alors par *Octaves*, exemple :

Les mots *Tasto*, ou *Tasto solo* signifient qu'il faut tenir le son, et ne le frapper que lorsqu'il devient trop faible pour être entendu. On sait que pour le Piano on ne peut faire des *Tenues* aussi longues que pour les instruments à vent ou à Cordes.

30

On est souvent obligé de changer la position de la main Droite, parcequ'on a été forcé, pour ne pas interrompre une marche convenable des accords, de monter trop haut, ou de descendre trop bas; il faut que ce changement de position se fasse sur une harmonie Consonante, et principalement, si cela se peut, pendant la durée d'un même accord.

Il faut accompagner habituellement à quatre parties; il est cependant des cas où un accompagnement à trois, et même à deux parties produit plus d'effet. L'expérience et le goût peuvent seuls guider l'élève. Il vaut mieux, dans tous les cas, se conformer à la règle, et réaliser son harmonie à quatre parties.

Lorsqu'on est forcé de prendre l'Unisson par suite du rapprochement des mains ou pour se conformer à la règle, l'accompagnement n'en reste pas moins à quatre parties, quoique dans ce cas, on n'entende réellement que trois sons, exemple:

Il faut que celui qui veut apprendre à accompagner la Partition, et même la Basse chiffrée, sache lire toutes les clés usitées.

On peut doubler toutes les consonances, mais jamais les Dissonances, parcequ'elles donnent une harmonie trop dure, et produisent nécessairement dans leur résolution des suites d'Octaves. En général, on ne double pas les notes qui ont une marche forcée, c'est-à-dire, une seule manière de se résoudre.

On peut doubler pourtant les Dissonances naturelles qui n'ont pas besoin de préparation. Voilà pourquoi on double très fréquemment toutes les notes des accords de *Septième Dominante* et de *Septième diminuée.*

Cependant, lorsqu'on écrit pour le Piano, on peut rigoureusement doubler toutes les Dissonances, pourvu qu'on leur donne alors la même résolution; ce qui rentre dans la règle des parties doublées à l'Octave, selon les principes que j'ai donnés dans la Panharmonie, à la page 113.

On peut préparer ou résoudre l'accord de Sixte-Quarte sans *lier* la note qui prépare et qui résout.

Pour acquérir la facilité d'accompagner à vue correctement toute Basse chiffrée, on doit se familiariser avec les formules suivantes et les transposer dans tous les tons, en cherchant à les bien graver dans sa mémoire,

(1)

---

(1) On pourrait disposer les accords frappés à la main droite de plusieurs autres manières; je veux seulement indiquer ici les notes qu'on doit placer sur une Basse suivant les chiffres qu'elle porte.

DES TROIS POSITIONS DE LA MAIN DROITE.

Il y a trois manières de placer dans la main droite l'accord de Tonique, qui sert ensuite de guide à ceux qui le suivent ; c'est ce qu'on appelle les trois positions, qui sont : 1°. *la Position d'Octave, ou Première Position,* 2°. *la Position de Tierce, ou seconde Position,* 3°. *la Position de Quinte, ou troisième Position ;* exemple :

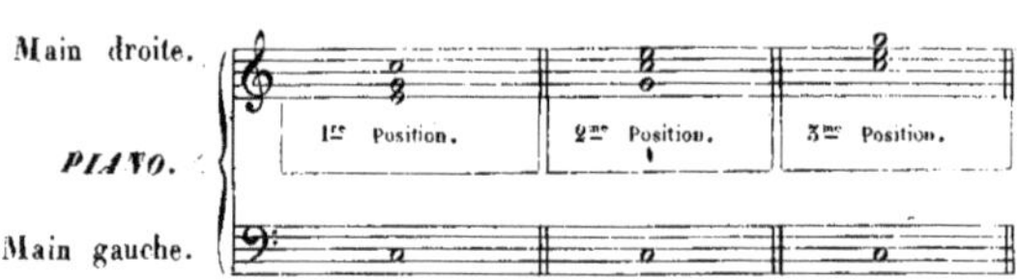

La première position étant considérée comme la plus parfaite, doit toujours être choisie pour la terminaison d'un morceau.

La seconde position donne un meilleur effet que la troisième ; mais elle est moins parfaite que la première, on peut s'en servir pour commencer, mais rarement pour finir.

La troisième position est la plus faible de toutes ; on peut s'en servir pour le commencement du morceau, mais le plus rarement possible pour la fin. On emploie la troisième Position dans le courant d'un morceau pour enchaîner la première et la seconde, ou pour placer l'harmonie au centre de la Portée, lorsqu' elle est poussée trop loin ou ramenée trop près de la Basse par l'enchainement des accords.

On change souvent de Position en brisant les accords.

On peut donc dans tout accompagnement mêler les trois Positions.

DE LA RÈGLE D'OCTAVE.

La Règle d'octave, ainsi que nous l'avons déjà dit, détermine l'Harmonie que doit porter chaque note de l'échelle du Mode, soit majeur, soit mineur, en montant ou en descendant.

Il faut autant que possible se renfermer dans une seule position, surtout lorsqu'on commence à accompagner ; exemple :

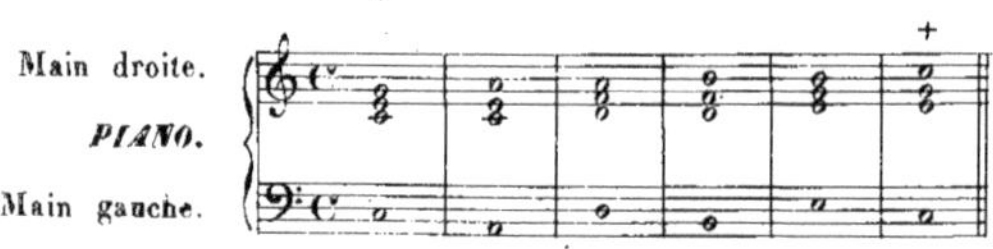

à la sixième mesure, j'arrive jusqu'à la première position ; pour éviter cette espèce d'empiétement, il faudrait écrire la main droite de l'exemple précédent de cette manière :

Lorsqu'on accompagne une mélodie prédominante, il ne faut pas que l'accompagnement monte au-dessus du chant.(1)

Pour devenir bon accompagnateur, il est utile de transposer dans tous les tons les leçons que je donnerai bientôt.

Les classiques finissent toujours un morceau par la même position dont ils se sont servi au commencement; mais cette règle n'est pas une loi; pour s'y conformer, il faut souvent briser les accords, afin de rentrer dans la Position choisie.

DE LA POSITION LIBRE.

On appelle *Position libre* le mélange arbitraire des trois Positions. On ne doit employer cette Position libre que lorsqu'on a travaillé avec soin et séparément les trois positions dont nous venons de parler.

Pour bien accompagner une Basse qui n'est pas chiffrée, il faut avoir égard à *l'enchainement des accords*, aux *marches Harmoniques*, à la *règle d'octave*, aux *modulations*, et aux *notes accidentelles*.

La position libre est la seule avec laquelle on puisse accompagner la partition.

L'élève exécutera la règle d'octave en majeur et en mineur dans tous les tons et avec les trois positions, jusqu'à ce qu'il puisse la jouer très rapidement.

RÈGLE D'OCTAVE.

1re POSITION. Mode Majeur.

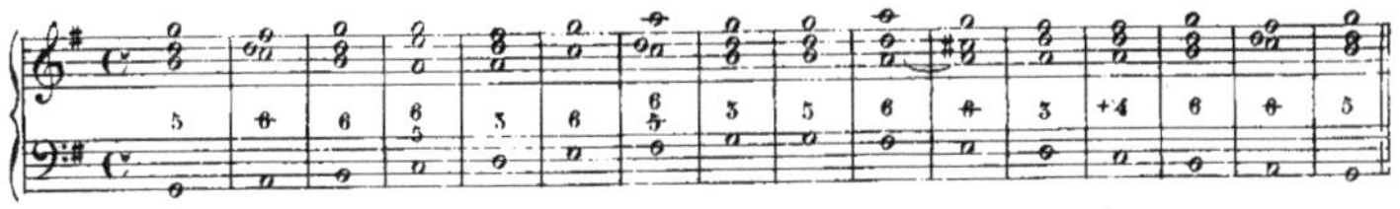

Il faudra jouer cette 1re position dans tous les tons; puis on passera à la 2me position.

2me POSITION. Mode Majeur.

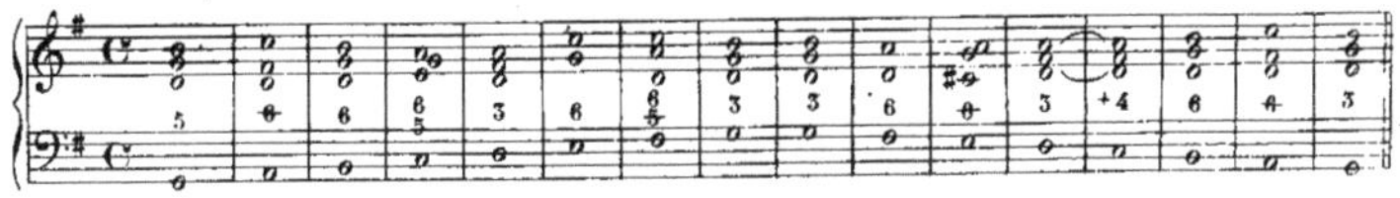

On transposera encore cette gamme dans tous les tons, puis on passera à la 3me position.

3me POSITION. Mode Majeur.

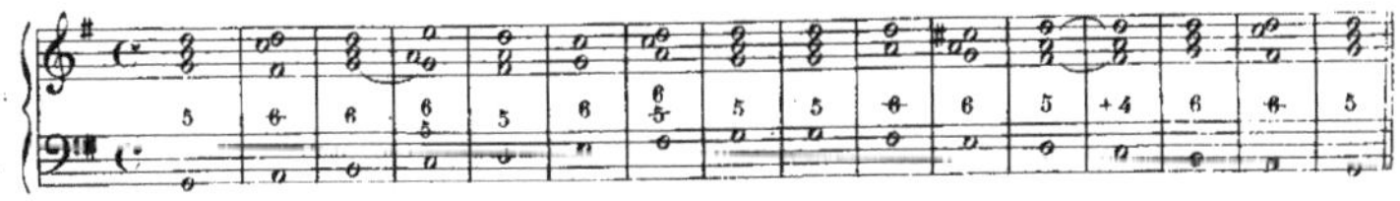

On transposera aussi cette gamme dans tous les tons.

Nous allons donner maintenant les gammes dans le mode majeur. Nous recommandons à l'élève de bien s'exercer dans tous les tons majeurs, de manière à pouvoir les jouer couramment, avant de passer aux tons du mode mineur. Ordinairement on passe de la gamme de *Sol* à celle d'*Ut*, de celle-ci à celle de *Fa*; puis l'on prend successivement celles de *Si♭, Mi♭, La♭, Ré♭, Sol♭, Ut♭* ou *Si♮, Mi, La, Ré, Sol*. On peut encore procéder ainsi; *Sol, Ré, La, Mi, Si, Fa♯, Ut♯, Sol♯, Ré♯* ou *Mi♭, Si♭, Fa, Ut, Sol*.

____
(1) L'accompagnement, lorsqu'il fait des dessins mélodiques, peut planer au-dessus du Chant.

EXERCICES DANS TOUS LES TONS MAJEURS:

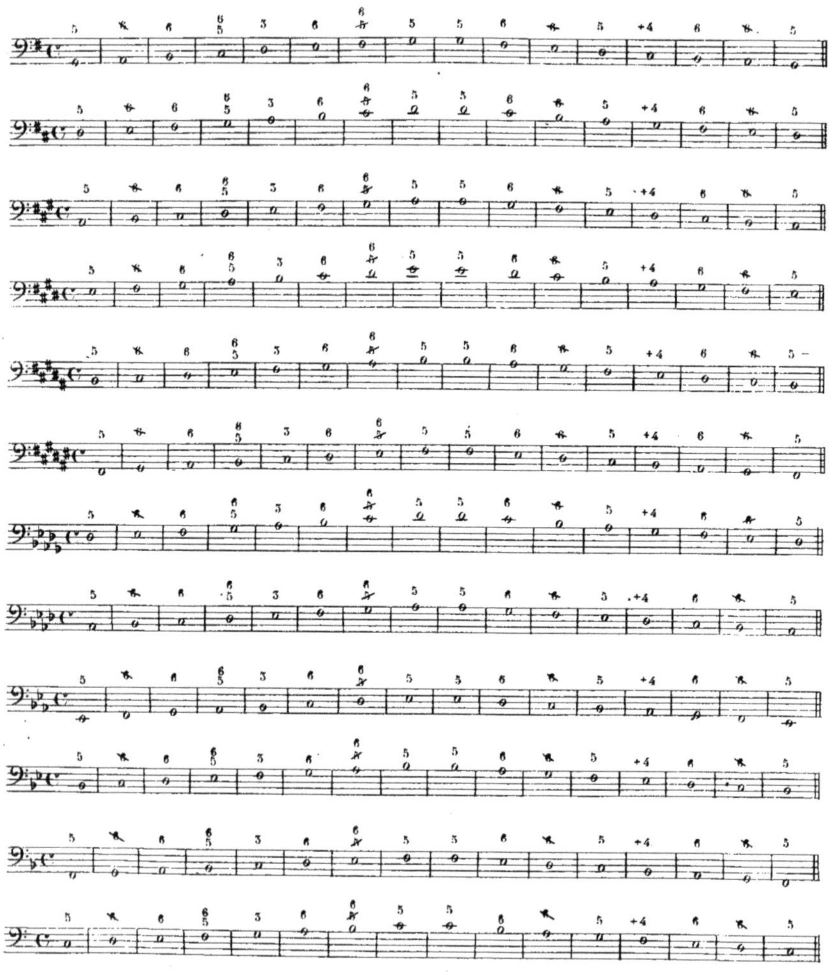

L'élève jouera ces gammes dans toutes les positions, d'abord lentement, et ensuite dans un mouvement toujours plus accéléré. Il est important, pour bien accompagner la Basse chiffrée, de pouvoir jouer sans hésitation, ces Basses avec les trois Positions.

1re POSITION.

Mode Mineur.

Transposez cette gamme dans tous les tons mineurs, avant de passer à la position suivante:

2me POSITION.

Mode Mineur.

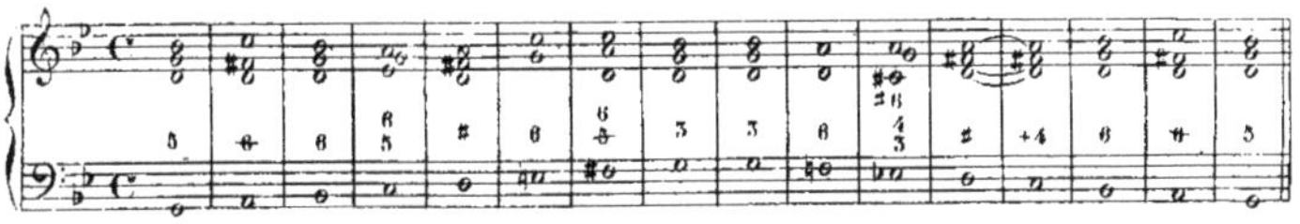

Transposez cette gamme dans tous les tons mineurs; prenez ensuite la 3me position:

3me POSITION.

Mode Mineur.

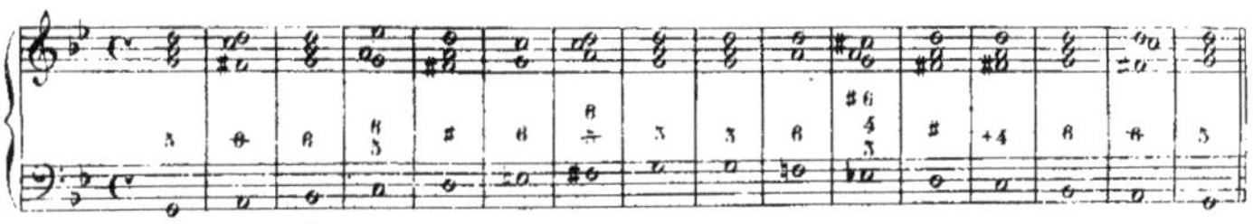

Transposez cette gamme dans tous les tons mineurs.

Lorsque l'élève saura jouer très couramment toutes les gammes majeures et mineures avec ces trois positions, il passera aux cadences.

EXERCICES DANS TOUS LES TONS MINEURS:

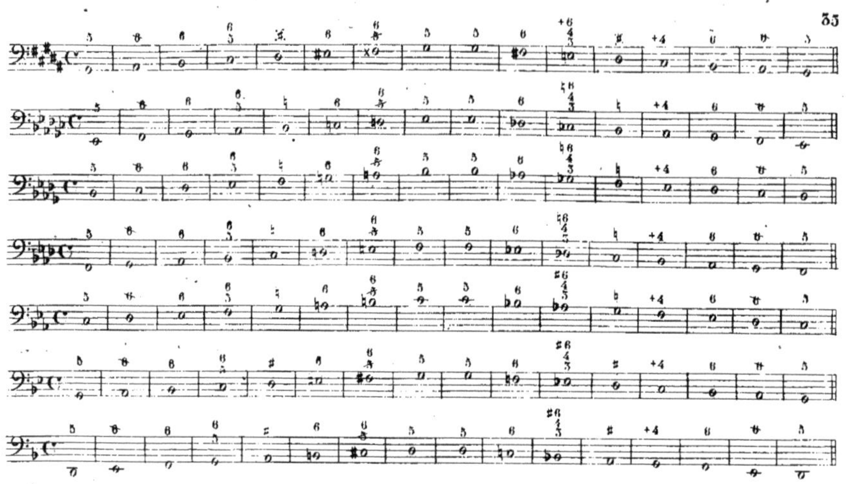

On pourrait faire aussi la gamme mineure comme il suit:

Ou bien.

La *Règle d'Octave* est donc une formule Harmonique qui fait connaitre quels accords on doit placer sur chacun des dégrés de l'Echelle *Diatonique*, lorsque la Basse parcourt cette échelle dans toute son étendue et sans interruption, soit en montant, soit en descendant. Tout accompagnateur, qui veut faire de bonnes études, doit se familiariser d'abord avec l'usage de cette formule, dans tous les modes majeurs et mineurs.

Quelques maitres allemands réalisent d'une manière différente la main Droite dans la règle d'Octave, exemple:

PREMIÈRE POSITION:

Cette manière de faire la *Règle d'Octave* est inférieure à la première, parceque la main Droite, à la dernière note de la Gamme ascendante, marquée ici par un astérisque ✱, ne finit jamais avec la Position par laquelle on a commencé. On peut l'étudier néanmoins, malgré cette faible imperfection.

Il existe bien d'autres manières d'accompagner la Gamme, ainsi qu'on peut le voir dans les *Marches Harmoniques* que je vais bientôt donner. Voici quelques exemples que l'élève devra étudier avec soin, et transposer dans tous les tons.

Nous n'indiquerons ici que les accords qui diffèrent des précédents dans l'accompagnement des deux gammes, les autres restant les mêmes:

DE L'ACCOMPAGNEMENT DIVISÉ.

DE L'HARMONIE SERRÉE ET DE L'HARMONIE ÉCARTÉE.

Il n'est pas toujours nécessaire que la main droite frappe exclusivement les accords, et que la main gauche ne joue simplement que la note de la Basse; on peut souvent au contraire, soit par nécessité, soit par agrément, partager l'harmonie entre les deux mains, pourvu que les notes des accords conservent entr'elles une distance convenable.

Lorsque l'on partage les accords entre les deux mains, cela s'appelle *Accompagnement divisé.*

On peut disposer tout accord parfait de six manières différentes; les trois premières constituent ce qu'on appelle *Harmonie serrée*, les trois autres donnent l'*Harmonie écartée.* (1)

DE L'HARMONIE SERRÉE:

Les trois positions ordinaires de Quinte, Octave et Tierce, donnent l'*Harmonie serrée*, exemple:

DE L'HARMONIE ÉCARTÉE:

L'*Harmonie écartée* est donnée par la disposition suivante des accords:

Voici dans quel ordre on doit écrire les accords de Sixte, et de Sixte-Quarte, et l'accord de Septième Dominante dans son état direct et dans ses trois renversements:

ACCORD DE SIXTE:

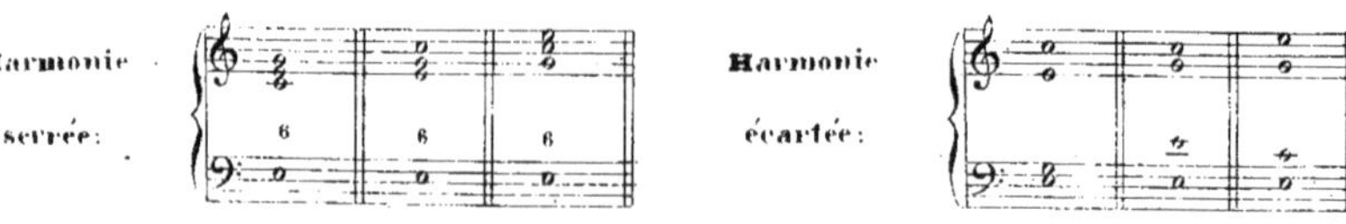

(1) Pour que l'accompagnement soit plus régulier il faut, chaque fois qu'on trouve les accords de Tonique ou de Dominante dans le ton primitif, les frapper dans la même position que celle qu'on leur a donnée au commencement du morceau.

ACCORDS DE SIXTE QUARTE:

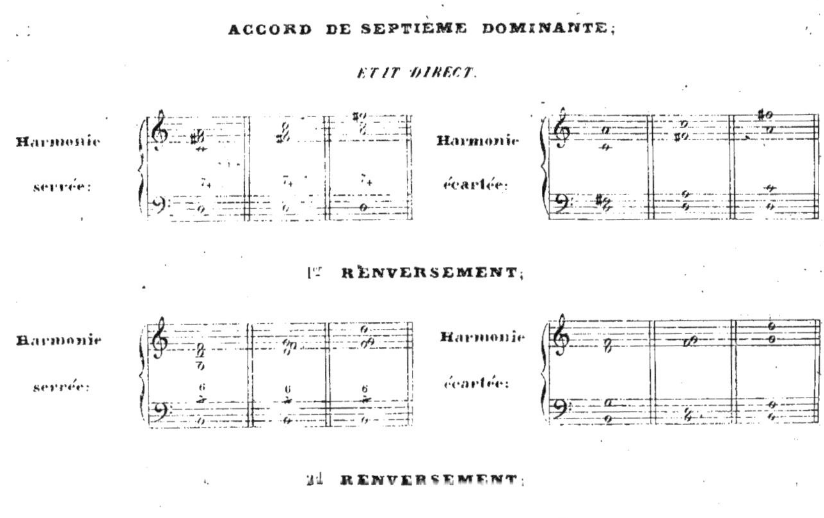

ACCORD DE SEPTIÈME DOMINANTE;

ÉTAT DIRECT.

1er RENVERSEMENT;

2e RENVERSEMENT;

3me RENVERSEMENT;

L'accompagnement divisé se fait d'après cette disposition. Les accords de Septièmes se conforment à cette distribution, et ceux de trois sons, à celle que nous venons de leur donner.

On pourra exécuter les Basses d'abord en accompagnement ordinaire et ensuite en accompagnement divisé. Prenons pour exemple ce fragment d'une Basse:

Nous l'exécuterons à peu près de la manière suivante, si nous nous servons de l'accompagnement ordinaire ou non divisé:

Dans l'accompagnement divisé nous pouvons distribuer les notes des accords des trois manières suivantes:

On peut encore dans l'accompagnement divisé prendre en même temps plusieurs notes dans chaque main, exemple:

On peut briser les accords dans la main Gauche, pendant que la main Droite fait entendre des accords plaqués, exemple:

Souvent, lorsqu'on fait des imitations, on n'écrit qu'à deux parties, de cette manière,

On peut voir dans les auteurs qui ont écrit pour le Piano ce qu'il serait impossible d'insérer dans un livre. L'observation et la pratique apprendront beaucoup à l'élève.

CHAPITRE 59.

DE LA MANIÈRE DE FRAPPER LES ACCORDS POUR MARQUER LES TEMPS DES DIFFÉRENTES MESURES.

MESURES À QUATRE TEMPS.

Il faut marquer tous les temps de la mesure, en frappant les accords au commencement de chaque temps. Cette règle est rigoureusement observée dans la composition sévère; elle a moins d'importance dans la musique libre.

Il faut donc, d'après cette règle, quatre percussions d'accords dans la mesure à *quatre temps*, exemple:

On peut faire ces quatre percussions dans la main Droite en répétant le même accord, ou bien en prenant un accord nouveau à chaque percussion.

MESURES À DEUX TEMPS.

Il faut deux percussions d'accords dans les mesures à *deux Temps*, savoir:

La mesure à deux Blanches, (¢), que l'on nomme *Alla brere*, exemple:

La mesure à deux Noires, $\left\{\frac{2}{4}\right\}$, exemple:

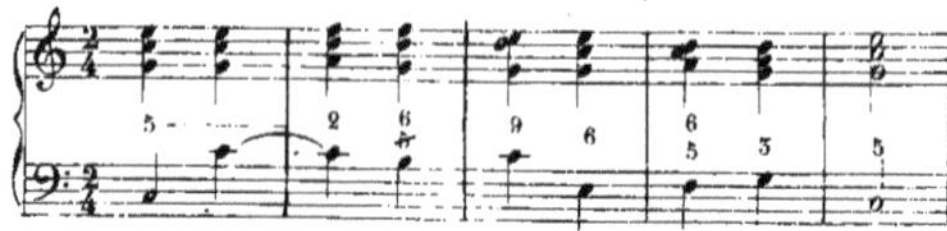

La mesure à six Noires, $\left\{\frac{6}{4}\right\}$, exemple:

La mesure à Six Croches, $\left\{\frac{6}{8}\right\}$, écrite dans un mouvement rapide, et marquée par deux coups, exemple:

MESURES À TROIS TEMPS.

Il faut trois percussions, une pour chaque temps, dans les mesures à *trois Temps*, savoir:

La mesure à Trois Croches, $\left\{\frac{3}{8}\right\}$, exemple:

La mesure à Trois Noires, $\left\{\frac{3}{4}\right\}$, exemple:

La mesure à Trois Blanches, $\left\{\frac{3}{2}\right\}$, exemple:

La mesure à Neuf Croches, $\left\{\frac{9}{8}\right\}$, écrite dans un mouvement lent, exemple:

On prescrit d'observer invariablement ces règles, quand bien même la Basse procéderait par des Croches, des doubles ou triples Croches, par des dessins entremêlés de notes de Passage; il faut toujours, malgré ce mouvement de la Basse, ne frapper les accords que sur les divisions marquées par chaque temps de la mesure, à moins que le contraire ne soit expressément indiqué par des chiffres; voyez les exemples suivants,

POUR LA MESURE À QUATRE TEMPS :

POUR LES MESURES À TROIS TEMPS :

Lorsque les mesures à $\frac{3}{8}$ ou $\frac{3}{4}$ doivent être exécutées dans un mouvement rapide, on ne frappe dans chaque mesure que deux accords, ainsi qu'il suit:

Lorsque la Basse fait des *Triolets* ou des *Sextolets*, il suffit de frapper un seul accord sur leur première note, exemple:

Ces principes que je viens de donner sont à peine connus en France; ils sont pourtant nécessaires pour former un bon accompagnateur; ils peuvent même guider jusqu'à un certain point l'élève, quand il compose son orchestre; mais ils deviennent inutiles lorsqu'on invente une Fugue, des Variations, des Traits dans la main droite, des Imitations, ou des Canons. On peut pourtant, lorsque la main droite fait des traits, placer les accords dans la main gauche, et faire une percussion à chaque temps de la mesure, comme je viens de le prescrire. Je n'ai pas toujours suivi moi-même ces principes dans les Basses que j'ai réalisées, afin de faire voir comment on peut s'en écarter quelquefois.

Les exemples suivants, dont on peut faire usage, sont des exceptions permises pour ce que nous venons de dire

De la valeur qu'on doit donner aux accords frappés dans la main Droite, lorsque la Basse fait des
Traits ou des Roulades:

Lorsque dans les Mesures paires la Basse procède diatoniquement, en parcourant une Octave, on ne frappe qu'un accord par mesure, exemple:

Si la Basse commençait par un demi-soupir, ou bien si la première note n'avait pas la même valeur que les autres, on frapperait alors deux accords dans la même mesure, exemple:

On pourrait
faire pourtant
ce qui suit:

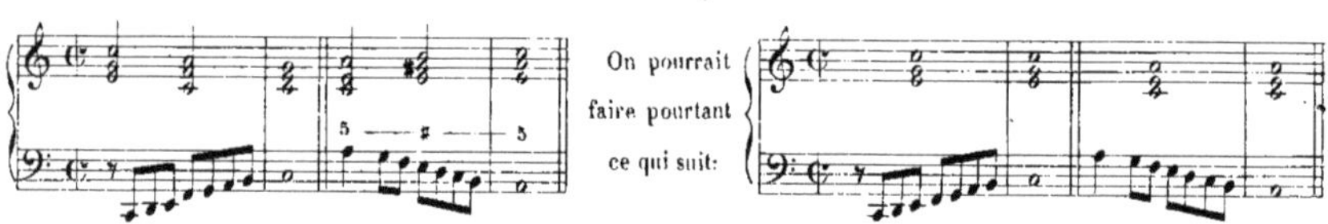

Mais cette seconde manière serait sans contre-dit moins riche que la première.

Dans les Mesures impaires on ne frappe ordinairement qu'un accord sur ces traits de la Basse, exemple:

On pourrait
faire autrement,
exemple:

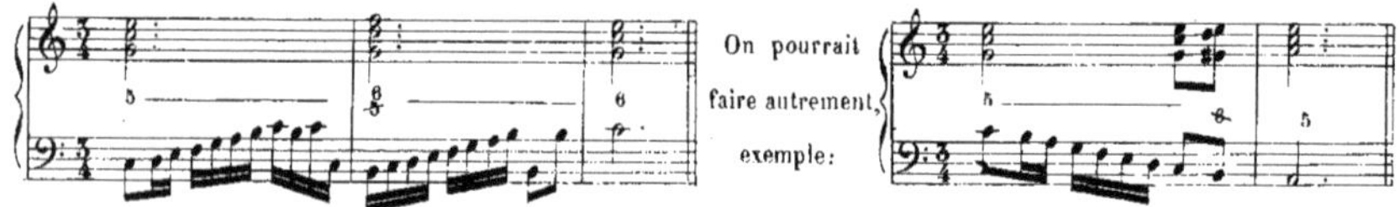

On ne frappe aussi qu'un accord à la
main Droite, lorsque la Basse joue successivement les notes d'un même accord, exemple:

Lorsqu'il y a beaucoup de mouvement dans la Basse, il ne faut pas frapper à la main Droite plus de deux accords dans chaque mesure; un seul peut souvent suffire, exemple:

Il y a beaucoup d'exceptions à ce que nous venons de dire, soit qu'on fasse des traits à la main Droite, soit qu'on y place des dessins en imitations. Souvent la Basse parcourt passagérement plusieurs tons dans la même mesure, il faut alors accompagner par des accords différents toutes les notes qui portent harmonie, exemple:

Je vais donner des exemples de toutes les Cadences les plus usitées; l'élève devra transposer ce tableau des Cadences dans tous les tons.

DES CADENCES.

L'élève transposera ces cadences dans tous les tons, jusqu'à ce qu'il les trouve et les joue facilement.

Pour bien être maître de son harmonie sur le Piano, il faut connaître à fond les gammes, les cadences, les dissonances, les marches harmoniques, et les mouvements de la Basse dans tous les tons chromatiques et naturels tant majeurs que mineurs.

On doit avoir bien présents à la mémoire tous les accidents que porte chaque ton.... Il faut donc étudier avec soin toutes les positions d'accords dans chaque gamme, et transposer dans tous les tons les cadences et les mouvements de la Basse.

VOICI UN TABLEAU GÉNÉRAL
DES CADENCES LES PLUS USITÉES.
CADENCES PARFAITES.

(1) Les anciens donnaient des différents noms à la *Cadence Parfaite*, suivant les accords dont elle était précédée.

CADENCES INTERROMPUES.

Nous savons que la *Cadence rompue* n'est qu'une cadence évitée, renversée, interrompue ou suspendue, ce qui se fait en renversant l'accord final de la Cadence parfaite, ou bien en en prenant un autre à sa place. On peut rompre la Cadence parfaite sur chacune des notes suivantes;

EN UT.

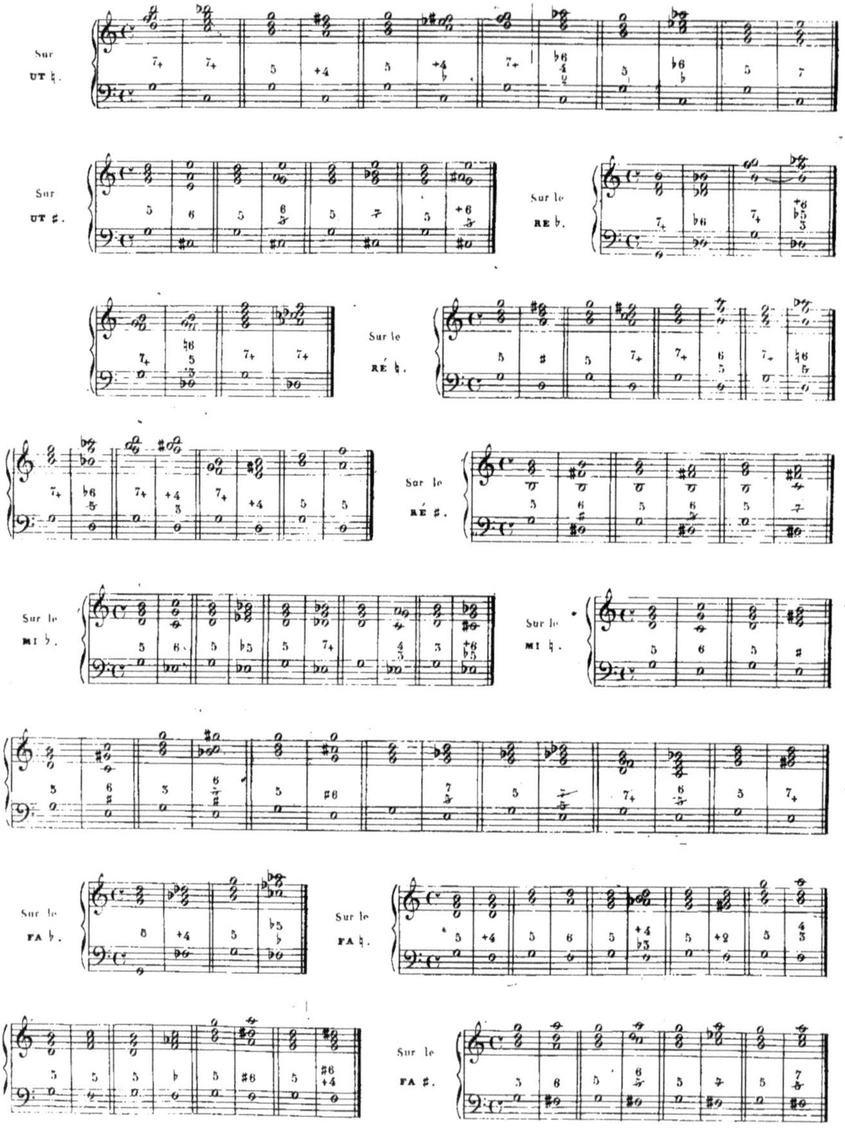

Sur UT ♮.
Sur UT ♯.
Sur le RE ♭.
Sur le RÉ ♮.
Sur le RÉ ♯.
Sur le MI ♭.
Sur le MI ♮.
Sur le FA ♭.
Sur le FA ♮.
Sur le FA ♯.

CADENCES PLAGALES.

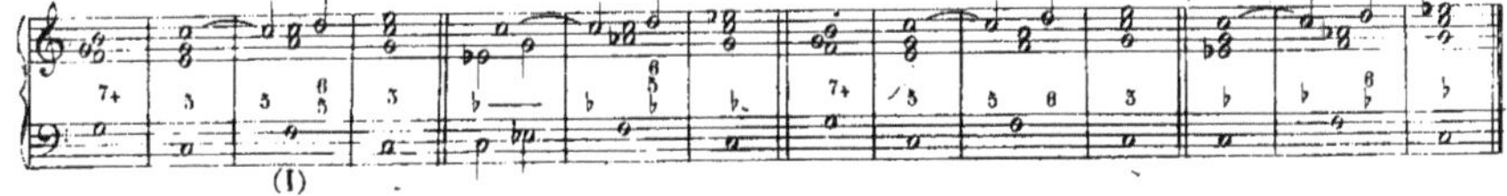

ACCORDS DE TROIS SONS NON RENVERSÉS.

(I) Cette dernière manière de faire la *Cadence Plagale* s'appelait en France *Tierce Picarde* ou *Tierce de Picardie*. Voyez mon *Traité spécial des Cadences musicales*.

Basses à réaliser
au Piano avec les
trois positions.

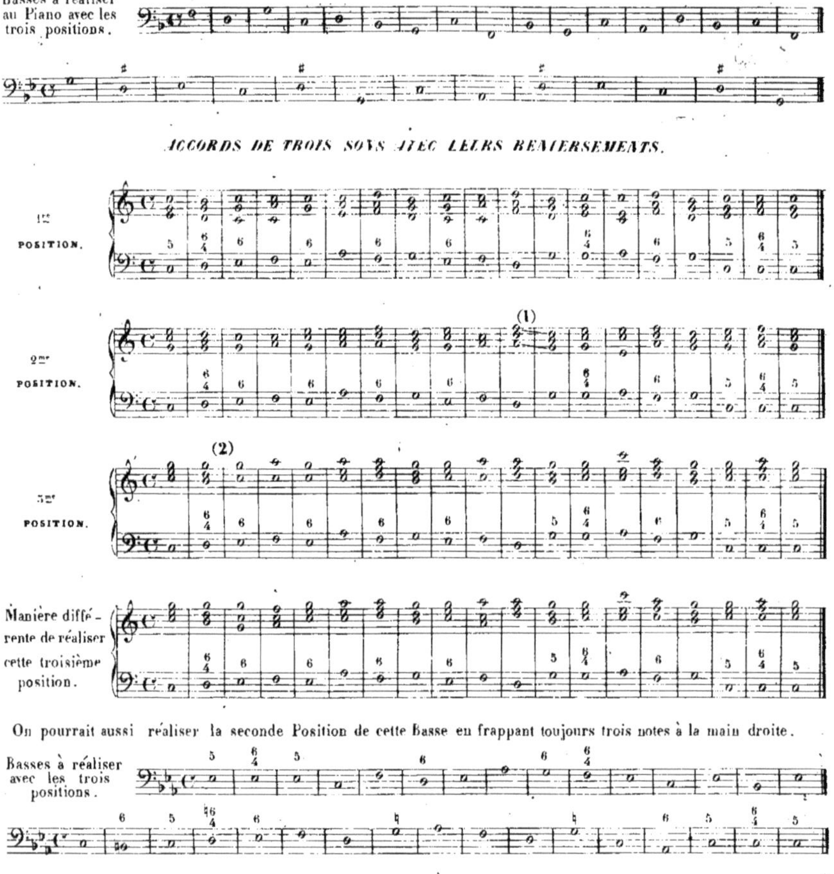

Manière diffé-
rente de réaliser
cette troisième
position.

On pourrait aussi réaliser la seconde Position de cette Basse en frappant toujours trois notes à la main droite.

Basses à réaliser
avec les trois
positions.

ACCORDS DE SEPTIÈME DOMINANTE,

NEUVIÈMES MAJEURE ET MINEURE AVEC OU SANS FONDAMENTALE,

ET DANS TOUS LEURS RENVERSEMENTS.

1re POSITION.

(1) Ces Quintes Cachées sont presque inévitables avec la seconde position.

(2) Il vaut souvent mieux retrancher une note que de donner une mauvaise marche aux notes des accords.

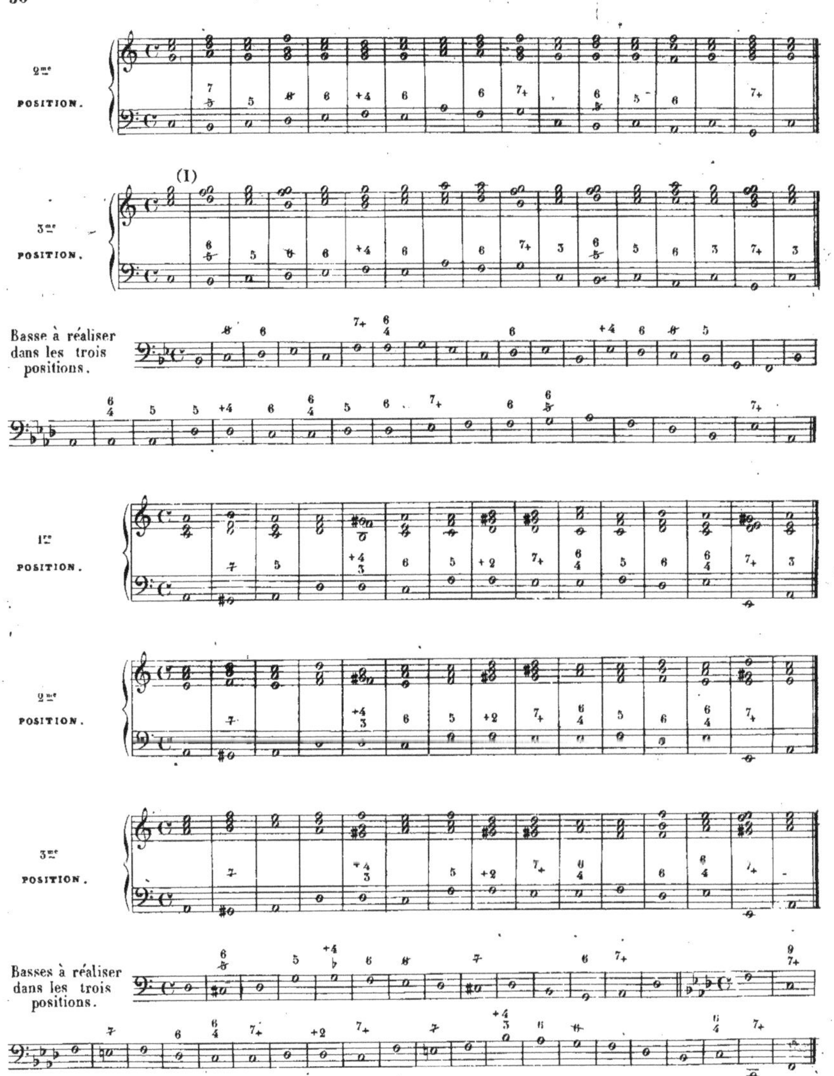

(1) On ne pourrait pas réaliser sans faute l'accord de *Septième Sensible* dans cette position.

Exercices d'Accompagnement avec tous les accords, sans l'emploi des Suspensions.

(1) Cette Basse et la suivante doivent être exécutées en accords plaqués.

LEÇON 6. 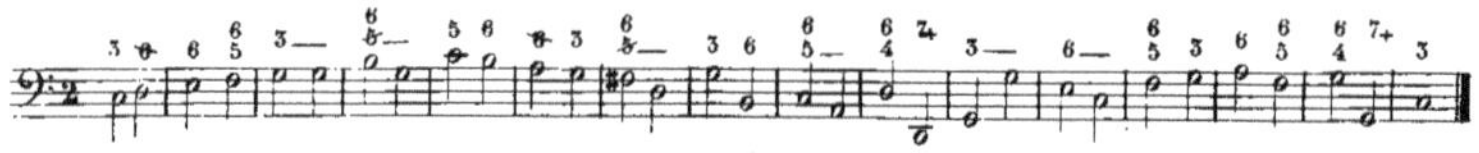
LEÇON 7. 
LEÇON 8. 
LEÇON 9. 
LEÇON 10. 
LEÇON 11. 
LEÇON 12.

54
LEÇON 13. 
LEÇON 14.

LEÇON 15.
LEÇON 16.
LEÇON 17.

LEÇON 18. 
LEÇON 19. 
LEÇON 20.

LEÇON 21.

LEÇON 22.

LEÇON 23.

EXERCICES SUR LA RÈGLE D'OCTAVE.

LEÇON 24.

LEÇON 25.

LEÇON 26.

LEÇON 27.

LEÇON 28.
LEÇON 29.
LEÇON 30.
LEÇON 31.

LEÇON 32.
LEÇON 33.
LEÇON 34.

PARTIMENTI.

AVEC DES SUSPENSIONS.

EXEMPLE RÉALISÉ.

LEÇON 35.

On réalisera cette Basse, en partant des deux autres positions; puis on se servira de la Position libre. (2)

(A) Ici, en MI mineur, nous prenons sa seconde position afin de ne pas nous éloigner de la 1re position par laquelle nous avons commencé. On pourrait faire différemment.

(1) L'Élève écrira aussi sur le papier tous les exemples qu'il exécutera au Piano.

(2) J'ai réalisé cette même Basse d'une manière différente à la page 97.

Pour bien réaliser un *Partimento*, il faut d'abord reconnaitre le véritable ton dans lequel on est, et appliquer à chaque note l'accord indiqué dans les gammes sur lesquelles l'élève s'est déjà exercé. Il est aussi très important de connaitre à fond les *Cadences* avec les consonances, et les dissonances, dont nous donnons progressivement des exemples.

EXERCICES. L'élève jouera cette Cadence dans tous les tons.

Dans la leçon suivante, on ne doit se servir que des deux cadences connues, pour les autres accords, on se conformera à la *Règle d'octave*.

EXEMPLE RÉALISÉ.

On exécutera et l'on écrira ce morceau en commençant par les deux autres positions; puis on se servira de la Position libre.

---

(1) Toutes les quintes ou octaves cachées sont permises sur le Piano.

(1) En général ces formules de cadences qu'on trouve avant une basse sont celles qui se reproduisent dans le courant de cette Basse.

(2) L'Élève doit jouer ces exercices dans tous les tons et dans les trois positions.

(1) L'Élève continuera à transposer ces leçons dans tous les tons.

(A)

L' Élève jouera toujours chaque basse dans les trois positions, et dans la position libre.

EXEMPLE RÉALISÉ.

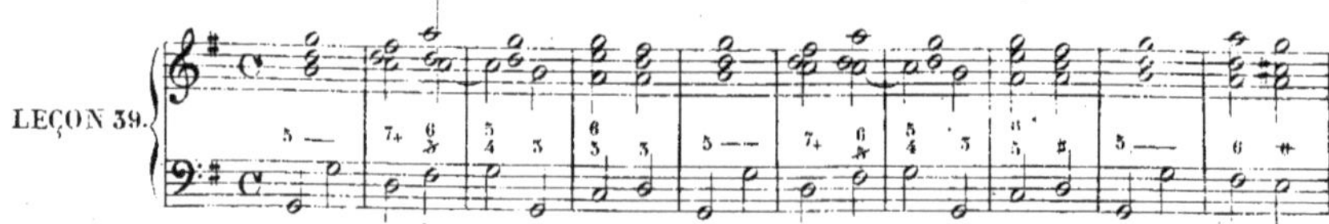

(A) L'élève devra s'exercer aussi à trouver sur toutes ces basses une partie supérieure qui donne une mélodie chantant d'une manière régulière et harmonieuse.

(1) Lorsque on rencontre un chiffre sur une Pause, il faut, pour reconnaître l'accord, substituer mentalement à cette Pause la note qui la suit immédiatement, et plus rarement celle qui la précède.

EXEMPLE RÉALISÉ.

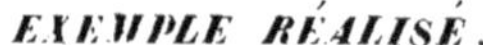

POSITION LIBRE.

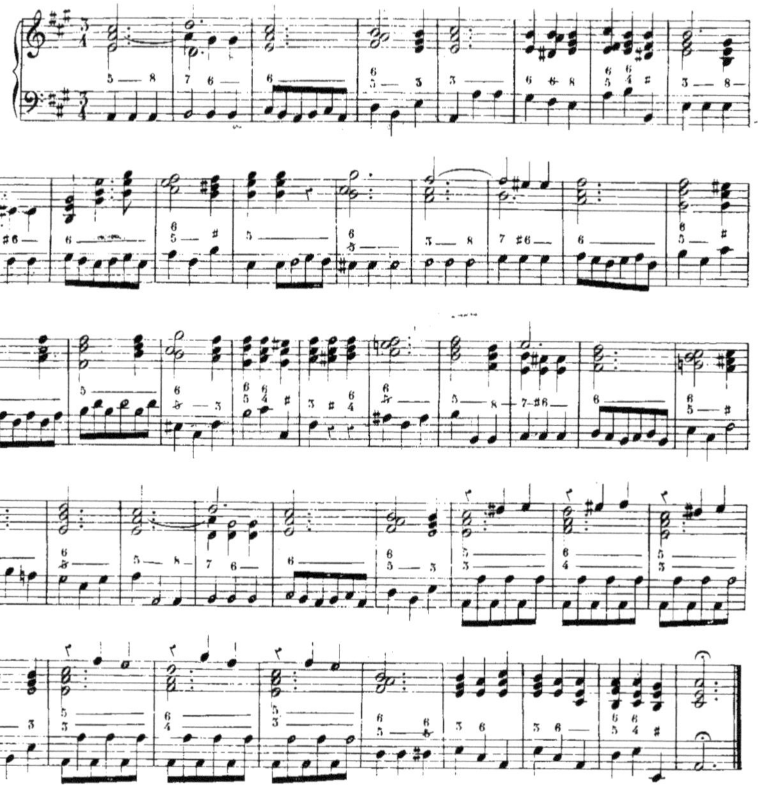

CADENCES.

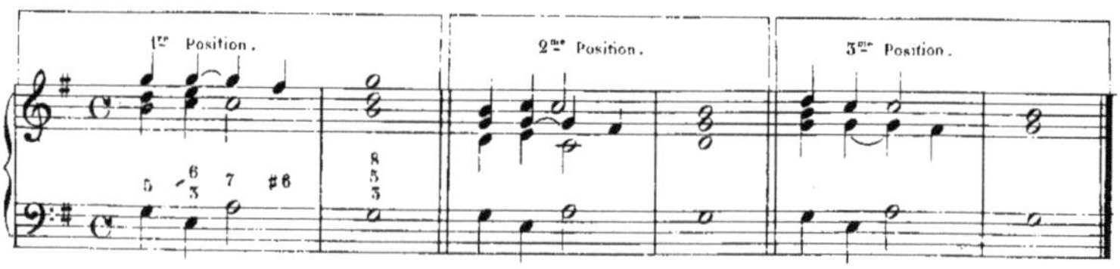

EXERCICES.

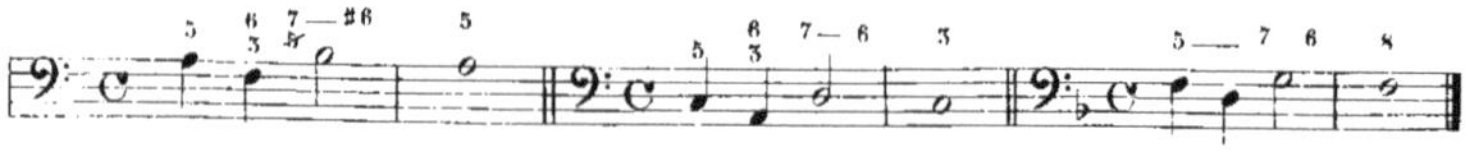

Continuez ces exercices dans tous les tons et dans les trois positions.

EXEMPLE RÉALISÉ.

1.º Élève remplira lui même les Basses suivantes d'après les chiffres indiqués: il devra se conformer à la règle d'octave, aux cadences et à tout ce que j'ai dit dans les trois premières parties de la *l'anharmonie musicale*, et dans ces Partimenti. Il réalisera chaque Basse avec la 1.re la 2.me et la 3.me Position, et avec la Position libre.

Continuez ces exercices dans tous les tons.

(1) Il n'est pas nécessaire d'indiquer un mouvement en tête de ces Basses; l'élève prend d'abord un mouvement *lent*, puis il en augmente la vitesse, chaque fois qu'il reprend la Basse.

(2) Lorsqu'on rencontre ces *Cadences* dans la Basse qui suit, on doit adopter le *Doigté* que j'indique ici.

LEÇON 42

(A) Lorsqu'on rencontre le 5me degré d'une gamme, on peut prendre l'accord de trois sons, ou ceux de Septième et Neuvième dominante, quoique les chiffres n'indiquent souvent qu'un accord de trois sons.

(B) Dans ces Cadences on emploie la suspension de l'octave, 9-8.

(A) Le Ténor sert ici de basse ; l'Harmonie ne peut être réalisée qu'à trois parties. Il ne faut pas oublier qu'en réalisant ces Basses au Piano, l'Harmonie peut être écrite à deux parties ou à un plus grand nombre de parties.

(B) Ainsi que je l'ai déjà dit, la Pause remplace ici le FA.

LEÇON 45.

Largo.

(A)

LEÇON 46.

(A) Chaque fois qu'on rencontre l'accord diminué du 7.me degré des deux gammes, on peut le convertir en accord de Septième Dominante.

LEÇON 47.
LEÇON 48.
LEÇON 49.
73

LEÇON 50.
LEÇON 51.

LEÇON 52.
LEÇON 53.

LEÇON 54

MARCHES D'HARMONIE. (1)

(1) J'engage l'élève à réaliser ces Marches d'Harmonie pour les voix, et à les transposer sur le Piano dans tous les tons. On peut chercher aussi d'autres manières de réaliser ces Basses en introduisant des variations dans les différentes parties, ou dans les deux mains du Pia_
no. Je donnerai bientôt d'autres manières de réaliser ces marches, d'après l'école Italienne.

4 PARTIES.
4 PARTIES.
4 PARTIES.
4 PARTIES.
5 PARTIES.
4 PARTIES.
5 PARTIES.
5 PARTIES.
7 PARTIES.
4 PARTIES.
5 PARTIES.

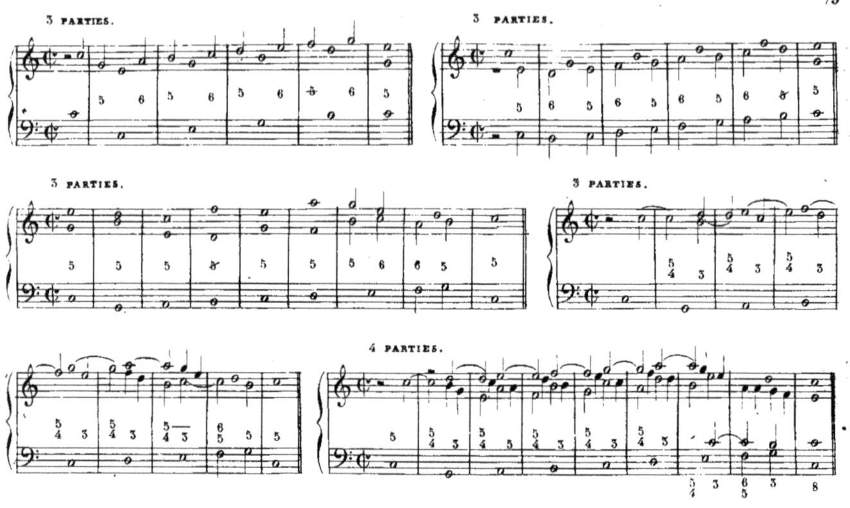

GAMME DESCENDANTE.

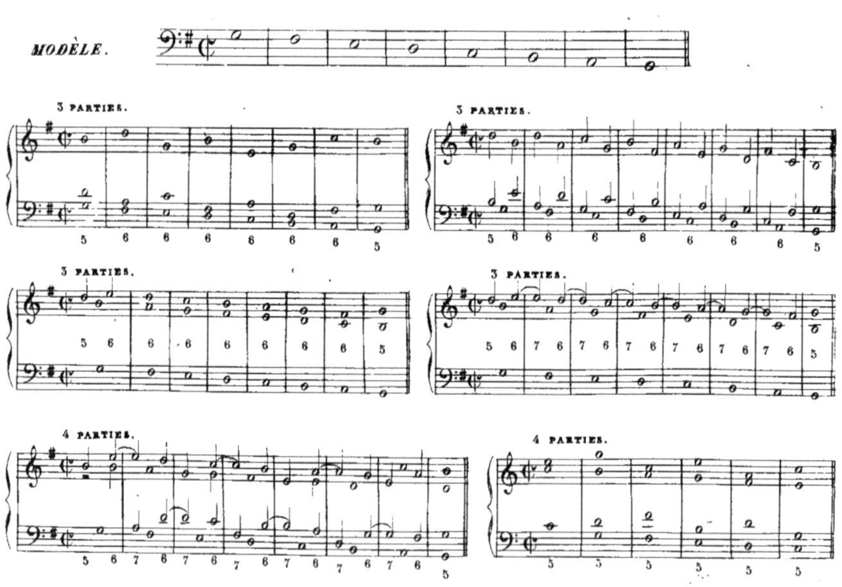

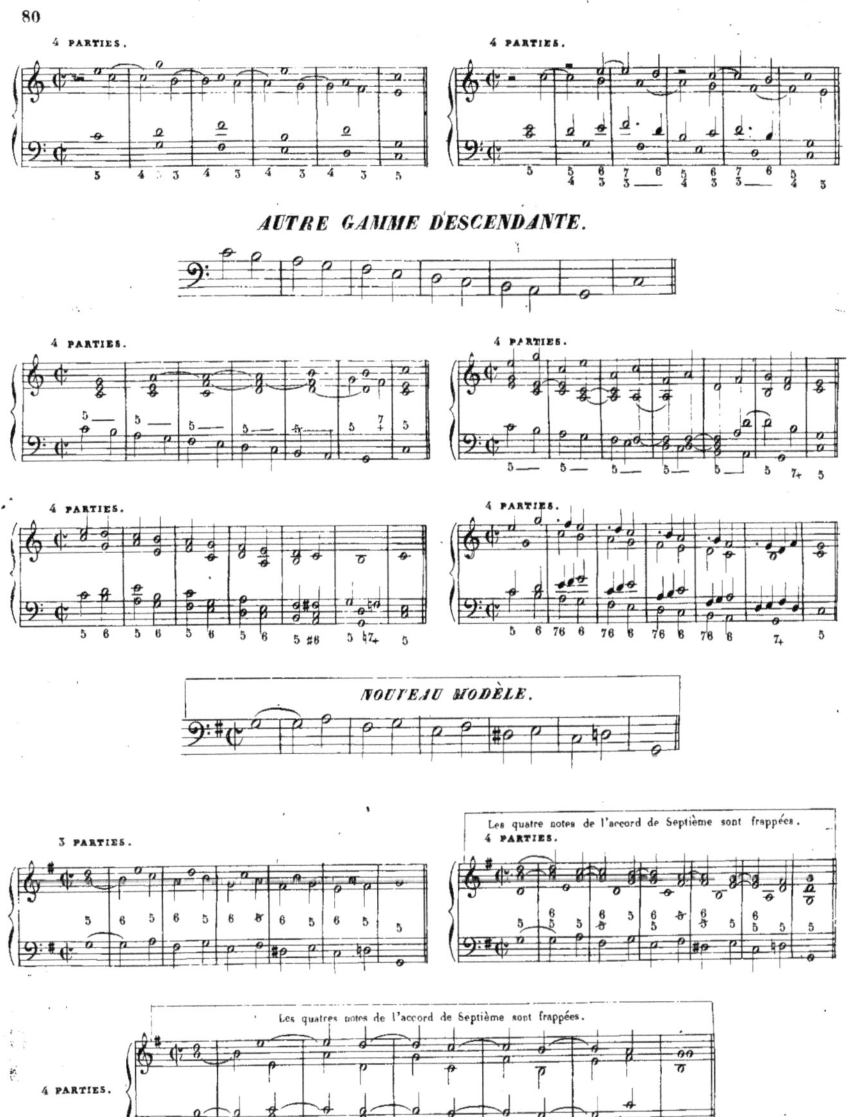
4 PARTIES.
4 PARTIES.
AUTRE GAMME DESCENDANTE.
4 PARTIES.
4 PARTIES.
4 PARTIES.
4 PARTIES.
NOUVEAU MODÈLE.
3 PARTIES.
Les quatre notes de l'accord de Septième sont frappées.
4 PARTIES.
Les quatres notes de l'accord de Septième sont frappées.
4 PARTIES.

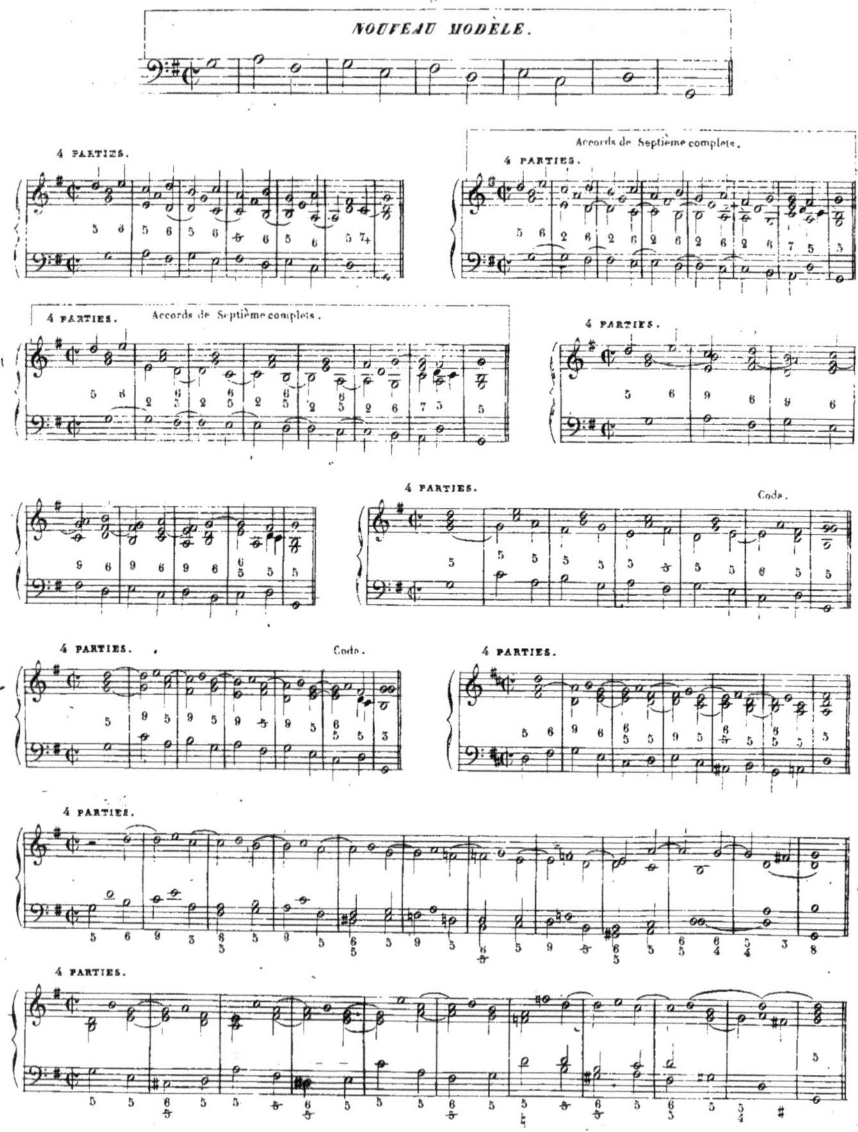
NOUVEAU MODELE.
4 PARTIES.
Accords de Septième complets.
4 PARTIES.
4 PARTIES.
Accords de Septième complets.
4 PARTIES.
4 PARTIES.
Coda.
4 PARTIES.
Coda.
4 PARTIES.
4 PARTIES.
4 PARTIES.

4 PARTIES

NOUVEAU MODÈLE. 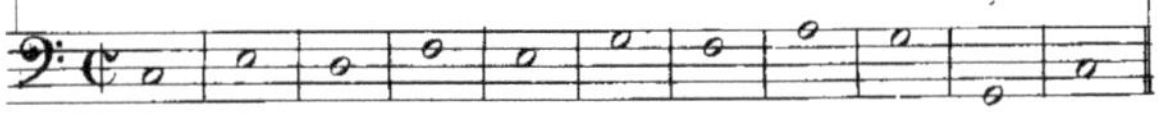
4 PARTIES.
Coda. 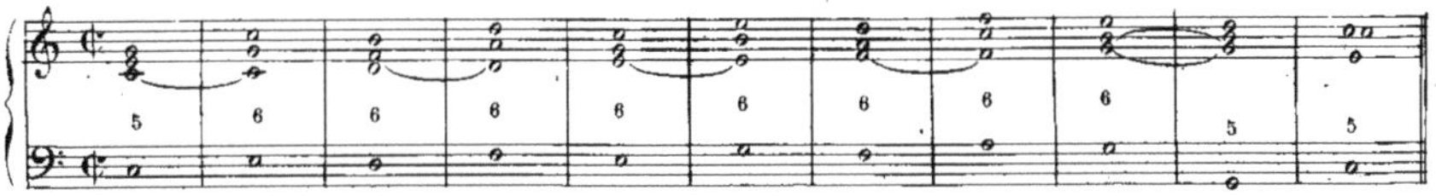
4 PARTIES. 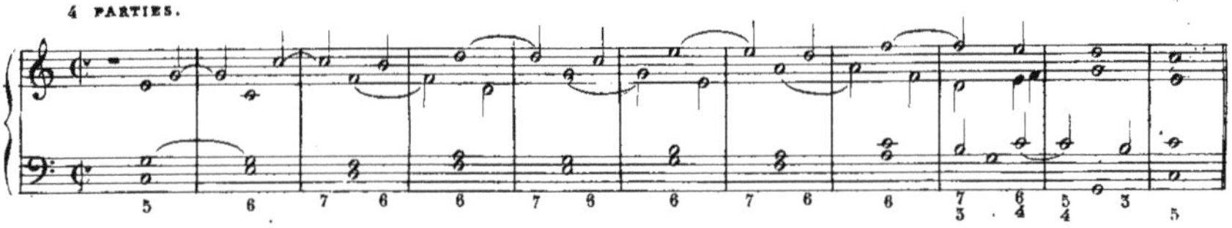
4 PARTIES. 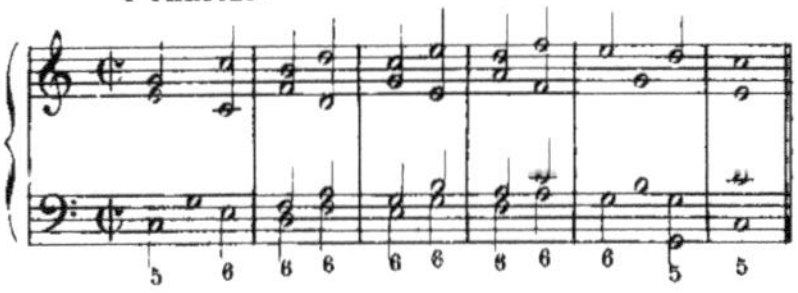
4 PARTIES. 
MODÈLE
4 PARTIES.

4 PARTIES.
4 PARTIES.
4 PARTIES.
4 PARTIES.
5 PARTIES.
MODÈLE.
4 PARTIES.
4 PARTIES.
VARIATION.

NOUVEAU MODÈLE.
À 4 PARTIES.
À 4 PARTIES.
À 4 PARTIES.
À 4 PARTIES.
À 5 PARTIES.
NOUVEAU MODÈLE.
À 5 PARTIES.

À 4 PARTIES.
À 5 PARTIES.
À 5 PARTIES.
À 5 PARTIES.
À 4 PARTIES.
À 5 PARTIES.
À 5 PARTIES.

NOUVEAU MODÈLE.
À 3 PARTIES.
À 3 PARTIES.
À 3 PARTIES.
À 3 PARTIES.
À 4 PARTIES.
À 4 PARTIES.
À 4 PARTIES.
À 3 PARTIES.

NOUVEAU MODÈLE.
À 4 PARTIES.
À 4 PARTIES.
À 4 PARTIES.
À 4 PARTIES.
À 4 PARTIES.
À 4 PARTIES.
À 4 PARTIES.

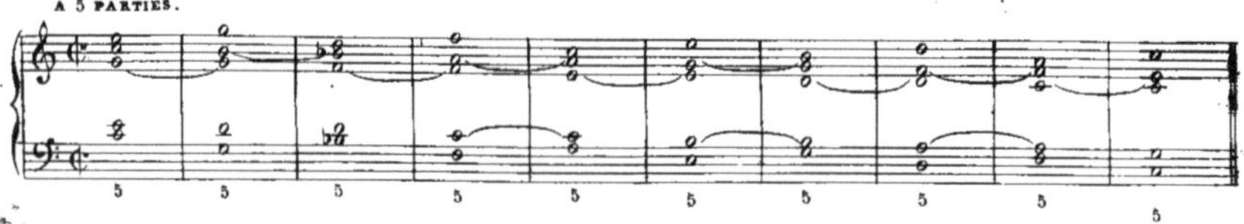
NOUVEAU MODÈLE.
À 5 PARTIES.

À 5 PARTIES.
À 5 PARTIES.
À 5 PARTIES.
À 5 PARTIES.
À 3 PARTIES.
NOUVEAU MODÈLE.
À 4 PARTIES.
À 4 PARTIES.
À 4 PARTIES.

À 4 PARTIES.
À 4 PARTIES.
NOUVEAU MODÈLE.
À 4 PARTIES.
À 4 PARTIES.
À 4 PARTIES.
À 4 PARTIES.

Les marches d'Harmonie que je viens de donner sont plus spécialement écrites pour les voix, tandis que les suivantes, jusqu'à la page 97 sont arrangées pour le Piano seulement. Les Progressions Harmoniques se rencontrent dans tous les auteurs anciens; il faut les connaitre, parcequ'elles sont utiles pour l'étude de l'Harmonie.

NOUVEAU TABLEAU.
DES MOUVEMENTS DE LA BASSE
AVEC DIFFÉRENTES HARMONIES TANT CONSONANTES QUE DISSONANTES,
OU MARCHES HARMONIQUES.

(1) Je donne pour ces marches Harmoniques la réalisation usitée dans les écoles d'Italie.

* Nous avons déjà dit que dans la musique sévère on ne devait pas frapper de dissonnances aux temps faibles, s'il n'y en avait pas aux temps forts. Nous devons donc préférer l'exemple précédent à celui-ci.

(A) L'Élève devra transposer chaque exemple dans les trois positions.

Il ne faut pas que l'élève oublie de transposer chaque marche dans les trois positions et même dans tous les tons.

(1) J'ai dit dans la Panharmonie qu'on ne devait pas faire descendre par tierce inférieure la fondamentale d'une Septième; Fenaroli et les autres maîtres de l'école ancienne employaient pourtant ce cas dans la musique instrumentale.

Ou peut réaliser les Basses que nous venons de donner de plusieurs manières soit en *plaquant* les accords, soit en les brisant. L'Harmonie peut être tantôt à deux, à trois, à quatre et à plusieurs autres parties. Je vais réaliser ici d'une autre manière la Basse que j'ai déjà donnée à la page 61.

(A) (B) Ou peut, comme on le voit ici, placer l'harmonie dans la main gauche, tandis que la main droite fait des traits; il est permis aussi de doubler la Basse par les octaves comme à la lettre B.

J'usqu'à présent les Basses que nous avons données devaient être réalisées au moyen de la *règle d'octave* et de l'enchaînement des accords d'après les règles énoncées dans le cours de cet ouvrage. On rencontrera dans les Basses suivantes, outre les accords, des *marches Harmoniques* qu'on devra réaliser comme celles que nous venons d'étudier. On pourra cependant varier les dessins symétriques qu'elles présentent, lorsqu'on voudra leur donner plus de piquant. Nous engageons donc l'élève, avant de commencer la réalisation des Basses suivantes, à chercher sur le Piano et sur le papier les accords qui conviennent à ces *marches de Basse*; il pourra de temps en temps consulter les exemples que nous venons de lui donner.

(1) On pourra consulter pour le chiffrage et la réalisation de ces marches les pages 77 jusqu'à 97.

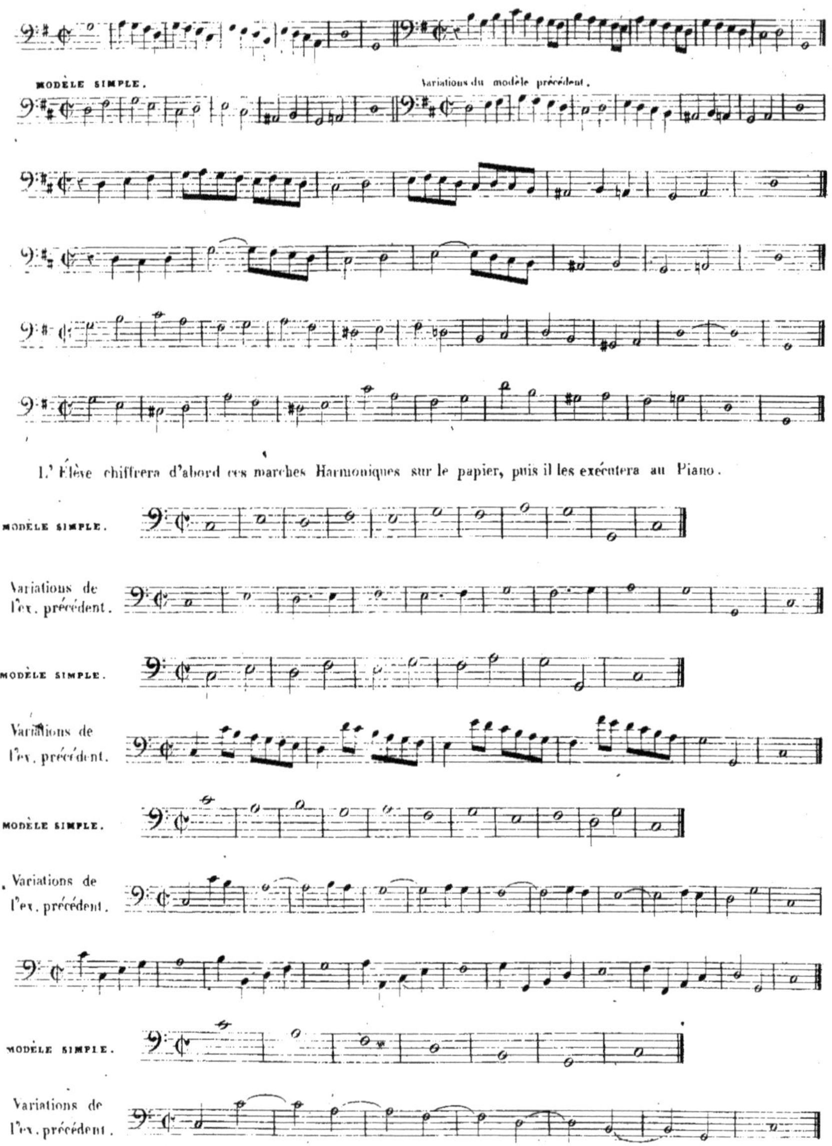

MODÈLE SIMPLE.
Variations du modèle précédent.
1.' Élève chiffrera d'abord ces marches Harmoniques sur le papier, puis il les exécutera au Piano.
MODÈLE SIMPLE.
Variations de l'ex. précédent.
MODÈLE SIMPLE.
Variations de l'ex. précédent.
MODÈLE SIMPLE.
Variations de l'ex. précédent.
MODÈLE SIMPLE.
Variations de l'ex. précédent.

MODÈLE SIMPLE.
Variations de l'Ex. précédent.
MODÈLE SIMPLE.
Variations de l'Ex. précédent.
MODÈLE SIMPLE.
Variations de l'Ex. précédent.

MODÈLE SIMPLE.

MODÈLE
SIMPLE.

MODÈLE SIMPLE.

Variations de l'exemple précédent.
Variations de l'exemple précédent.
MODÈLE SIMPLE.
Variations de l'exemple précédent.
MODÈLE SIMPLE.
Variations de l'exemple précédent.

Ces progressions sont produites par une marche régulière des trois premières espèces d'accords de trois sons dans leur état direct, et dans leur premier et deuxième renversements; les suites de dissonances résultent de ces diverses successions, suivant chaque fois une marche uniforme; ces dissonances sont le résultat des *suspensions* et des *accords de septième*. Il n'y a parconséquent, dans les marches précédentes que des suites d'*accords parfaits*, $\frac{5}{3}$; d'*accords de sixte*, $\frac{6}{3}$; de *quartes sixtes*, $\frac{6}{4}$; et de Dissonances de *seconde* 2 , de *quinte et de sixte* $\frac{6}{5}$; de *quarte et quinte* $\frac{5}{4}$; de *septièmes*, 7 ; et de *neuvième*, 9 . Ces dissonances alternent toujours avec les accords de trois sons. Quelquefois, cependant, on fait des suites de *Dissonances*, ou d'accords consonants.

Il y a des *marches simples* et des *marches composées*. Les marches *simples* ou *primitives* servent de type à celles qui sont composées de plusieurs marches réunies.

Les *marches primitives* ont chacune une série de sons qui leur est propre. Ainsi, les suites d'accords de trois sons non renversés ont lieu sur toutes les marches de Basses. Les suites d'accords de trois sons dans leur premier renversement se font sur plusieurs sortes de marches et principalement sur celles qui montent ou qui descendent par dégrés conjoints, de cette manière:

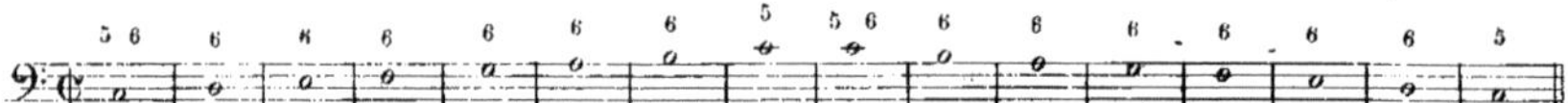

Les suites de *secondes*, ou troisième renversement des accords de septième, ne peuvent se faire que sur une série de sons qui descendent par dégrés conjoints:

Exemple: 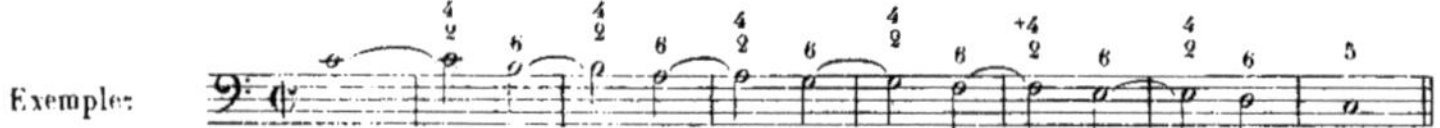

Les suites d'*accords non renversés* alternant avec les accords de *sixtes* se font sur une série de sons qui montent par dégrés conjoints: exemple:

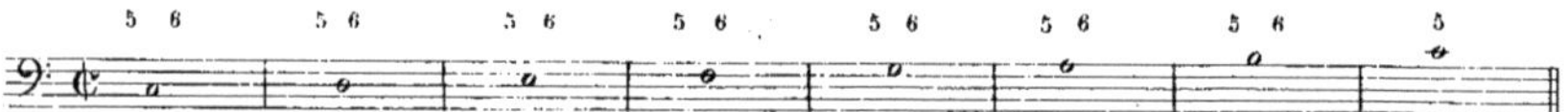

Les suites de *quinte et sixte* (ou premier renversement des accords de septièmes,) peuvent se faire sur une série de sons qui descendent de Tierce et montent ensuite conjointement; exemple:

Les suites de *quarte et quinte* (ce qui est la suspension de la Tierce) se font sur une série de sons qui montent de quinte et descendent de *quarte*, ou bien qui montent de *quinte* et qui descendent de *quarte*, exemple:

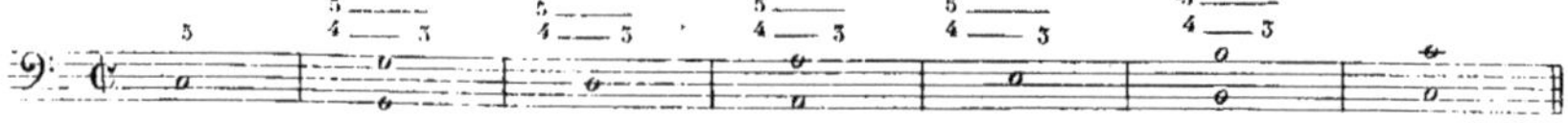

Les suites d'*accords de quarte et sixte* alternant avec les accords de trois sons non renversés se font aussi sur la *marche précédente*, exemple:

Les suites de *septièmes*, alternant avec les *accords de sixtes*, se font particulièrement sur une série de sons qui descendent par dégrés conjoints comme la marche de sixtes, exemple :

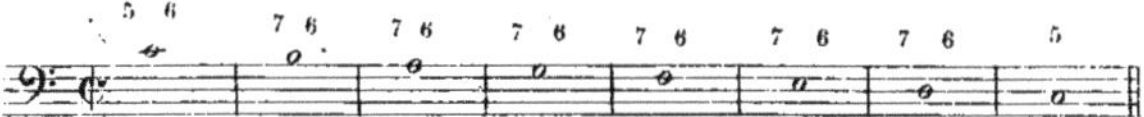

Les suites d'accords de septièmes, ou de suspensions de septième, peuvent se faire sur une série de sons qui montent de quarte et descendent de quinte, ou qui descendent de quinte et montent de quarte, exemple :

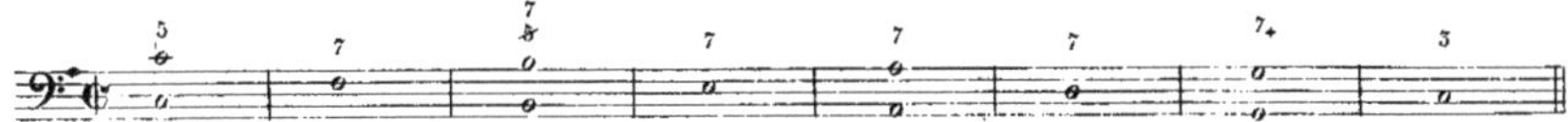

Les renversements des accords de septièmes produisent les marches suivantes :

1.er et 3.me renversements de la marche précédente :

2.me renversement et état direct : ....

3.me et 1.er renversements : ....

Une suite de suspensions de *Neuvièmes* peut se faire sur une série de sons qui montent conjointement, et descendent de Tierces, exemples :

Les suites de Neuvièmes se font encore de plusieurs autres manières, ainsi que le démontrent les exemples suivants :

On peut associer plusieurs séries différentes, et obtenir ainsi des marches d'Harmonie très riches d'accords et de dessins. On peut encore employer sur les marches simples toutes les suspensions usitées, et broder chaque partie.

Il ne faut pas abuser de ces marches dans la composition idéale; il est nécessaire de les connaître sans doute, car elles indiquent souvent les véritables accords qui conviennent à certains mouvements de la Basse; voici comment, par exemple, d'après les marches Harmoniques, je chiffrerai les notes suivantes:

Généralement, les musiciens procèdent de trois manières pour composer; d'abord, ils se servent des accords enchaînés suivant les règles que j'ai données, dans la Panharmonie; c'est d'après ces principes qu'ils font presque tous leurs accompagnements de cette manière:

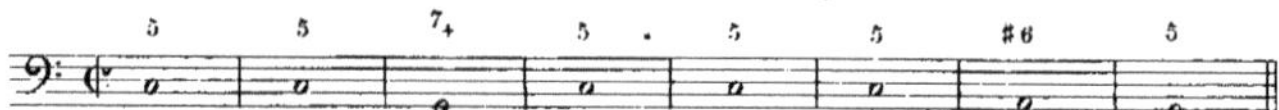

Ils empruntent aussi quelquefois cet enchaînement des accords à la *règle d'octave*; quant aux marches d'Harmonie, il ne faut pas qu'elles se prolongent dans le style libre comme dans les exemples précédents, où elles sont exposées d'une manière élémentaire et en forme de leçons; si dans une composition libre, on les prolongeait aussi longuement, on donnerait à ses compositions un style pédant, scolastique et monotone, de sorte qu'elles ressembleraient à la musique d'école. Il faut donc, lorsqu'on veut employer ces *marches*, non seulement dans les compositions théâtrales, mais encore dans la musique sacrée, n'en prendre que des fragments, et peut-être ne les employer qu'à la fin des phrases, pour se conformer à certaines formules usitées de cadences. Cette troisième manière de procéder, pour composer, fut en grande faveur dans l'école ancienne; aujourd'hui, les compositeurs dramatiques semblent l'avoir tout-à-fait oubliée. Ils se servent de l'enchaînement des accords, tel que je l'ai démontré à la page 31 en employant le plus souvent les accords placés sur le 1er, le 5me et le 6me dégrés des deux gammes, avec ou sans renversements. (1)

On peut réaliser pour quatre voix les Basses qui précèdent et celles qui suivent; je vais donner pour exemple de musique sévère une Basse de *Sala*, que j'écris à quatre parties, ainsi qu'on le fait au concours d'harmonie du Conservatoire:

HARMONIE SIMPLE.

____

(1) Voyez ce que j'ai dit à ce sujet dans la Panharmonie musicale, au chapitre 3ème pages 31 et 35.

(1) La seconde manière de réaliser cette Basse est préférable à la première parcequ'elle renferme des imitations riches et nombreuses. Dans les leçons destinées aux concours on évite généralement tous les intervalles mélodiques défendus; on ne se sert que de la première exception pour les quintes et octaves cachées. On emploie beaucoup les accords de septième et les suspensions; on ne se sert que des notes de passage, des broderies, et jamais des *appogiatures* et des *retards*. La Pédale peut être employée; les accords altérés doivent être très rares. On lie toutes les notes communes.

(A) L'Harmonie *Fuguée* (ou Transcendante) est celle où l'on introduit des *Imitations canoniques*.

Voici maintenant cette Basse telle qu'elle est chiffrée par *SALA* ; l'Elève la réalisera au Piano.

NOUVEAUX PARTIMENTI

POUR L'EMPLOI DES MARCHES HARMONIQUES ET DES SUSPENSIONS.

Ces Partimenti sont faits pour l'étude des Progressions, de la règle d'octave et de l'enchaînement des accords. J'ai réalisé quelques Basses, afin de faire mieux comprendre à l'Élève la marche qu'il doit suivre pour accompagner au Piano ces Basses chiffrées.

Basses Chiffrées réalisées pour le Piano, d'après les Marches d'Harmonie, avec quelques Basses chiffrées, mais non réalisées.

LEÇON 57.
BASSE CHIFFRÉE
À RÉALISER.
LEÇON 58.
LEÇON 59.
BASSE CHIFFRÉE
À RÉALISER.

LEÇON 60.

LEÇON 61.
BASSE CHIFFRÉE
À RÉALISER.

LEÇON 62.

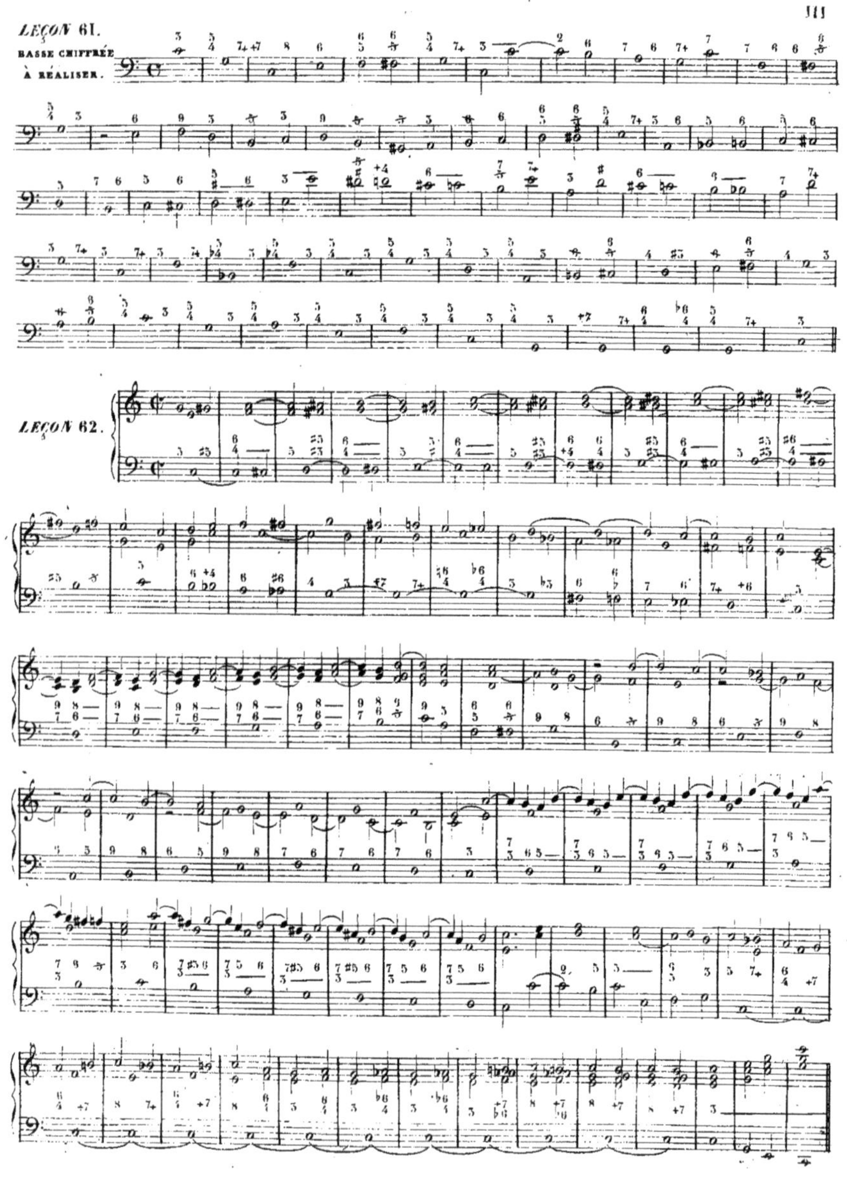

LEÇON 63.

BASSE CHIFFRÉE
À RÉALISER.

LEÇON 64.
Presto.
a Tem-po.
ff ff ff ff ff ff mf

rall^{do}
a Tempo.
cresc.
8ª - - - - - - - - - -

LEÇON 65.
BASSE À RÉALISER.

LEÇON 66.

(1) Dans tous ces *Partimenti*, je cherche à me rapprocher autant que je le puis du style d'école, et surtout à faire connaître à l'élève les différentes manières de réaliser les Marches d'harmonie. Mon intention n'est donc pas ici d'innover.

116
LEÇON 69.
BASSE CHIFFRÉE
À RÉALISER.
LEÇON 70.
LEÇON 71.
BASSE À RÉALISER
À DEUX PARTIES.

IMITATIONS DANS LE STYLE ANCIEN.
LEÇON 72. Adagio.
BASSE DE CORELLI
LEÇON 73. Vivace.
CORELLI.
LEÇON 74. Vivace.
CORELLI.

La Basse suivante qui court depuis longtemps dans les écoles est attribuée à Catel ou à Chérubini; elle renferme des *imitations* assez curieuses; je vais la donner telle qu'elle m'a été transmise.

LEÇON 75.

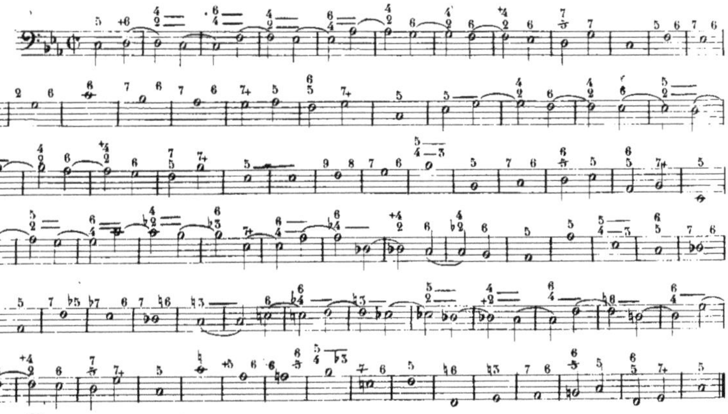

LEÇON 76.
CORELLI.

Vivace

Andante.

LEÇON 77.

LEÇON 78.

LEÇON 79.

LEÇON 80.

Adagio.

LEÇON 81.

Voici deux Basses réalisées chacune de deux manières différentes:

(A) On peut chiffrer cette Basse de plusieurs manières.

(1) Je donne ces leçons 83, 84, 85, et 86 arrangées pour le Piano afin d'indiquer à l'élève comment il doit réaliser à peu près les Basses suivantes jusqu'à la page 135.

(A) Les auteurs anciens expriment souvent par des chiffres le chant qu'ils veulent faire entendre sur une Basse, c'est ce que l'on fait ici -

Ces Basses, jusqu'à la page 135 renferment beaucoup d'imitations.

(1) La même remarque doit être faite pour cette mesure, Exemple...........

Les chiffres de la mesure marquée d'un ✱ indiquent le chant qu'on doit placer à la main droite.

124
LEÇON 96.
LEÇON 97.
LEÇON 98.

LEÇON 99.
LEÇON 100.
LEÇON 101.

LEÇON 102.

LEÇON 103.

LEÇON 104.

LEÇON 105.

LEÇON 106.

(A)

(A) Les chiffres placés ici sur les SOL indiquent seulement le chant que l'auteur veut rappeler. On rencontre souvent dans SALA cette manière d'écrire; il fait entendre un motif à la Basse qu'il reproduit ensuite à la main droite; voici donc comment il convient d'accompagner ces mesures,

LEÇON 107.

LEÇON 108.
LEÇON 109.

LEÇON 110.

LEÇON 111.

LEÇON 112.

LEÇON 113.

LEÇON 114.

(A) On peut commencer ici la Basse seule pendant quatre mesures, ou bien placer dans la main Droite à une autre Octave les 5ᵐᵉ, 6ᵐᵉ, 7ᵐᵉ et 8ᵐᵉ mesures de la main Gauche, de cette manière,

On voit, ainsi que je l'ai déjà dit, que souvent les auteurs anciens *chiffrent* seulement le *Chant*, qu'ils veulent placer sur une Basse ; c'est ce que démontrent les six dernières mesures de l'exemple précédent. On pourrait cependant compléter les accords, Exemple:

★ Les deux mêmes chiffres { 6 6 / 4 4 }, répétés, signifient qu'on doit *Briser* le même accord, au lieu de le frapper une seule fois

153

LEÇON 117.

L'élève peut plaquer simplement les accords, ou bien introduire des *imitations*, comme je viens de le faire dans dans les leçons précédentes écrites à quatre parties, mais il n'est pas toujours nécessaire de réaliser une harmonie à quatre parties pour le Piano ; elle peut être plus ou moins nombreuse. Voici du reste comment E. Imbibo réalise quelques *Partimenti* de Fénaroli.

PIANO.
Voyez les Partimenti, pag:
PIANO.

158

Pour les *Partimenti* suivants, écrits sans chiffres , on se conformera à tout ce que nous venons de dire; on devra les réaliser aussi pour les voix dans le style libre et dans le genre sévère. Dans le style libre on suit les caprices de son imagination; dans le genre sévère d'école, on écrit presque toujours à quatre parties réelles.

On rencontrera quelquefois en tête du morceau un fragment de la Basse qu'on va donner avec son accompagnement de la main droite; cela signifie qu'il faut reproduire cet accompagnement à la main droite, chaque fois que la même basse revient, soit dans le même ton, soit dans un ton différent. Ex.

Il faut prendre le Thême de la main droite à l'endroit marqué d'un astérique *, mais en le trasposant en *La* majeur. On peut créer un ou plusieurs Thêmes nouveaux sur la même Basse, ou bien accompagner cette Basse avec des accords plaqués. Les Basses dans le genre de cette dernière sont formées par des imitations.

J'engage l'élève à lire les préludes composés par les anciens maîtres, entr'autres ceux de Bach, il comprendra mieux la marche qu'il doit suivre pour réaliser les Basses suivantes. Un prélude est un morceau de 30 à 80 mesures, suivant le mouvement et le trait de chant choisi. Il est composé d'un dessin mélodique reproduit dans plusieurs tons et accompagné le plus souvent d'une manière différente, afin que la variété des accords couvre l'uniformité du chant. On donne quelque fois à la phrase principale un ou deux Contre-sujets qu'on reproduit aussi dans différents tons comme le motif principal. On peut altérer quelquefois les *sujets* du Prélude, mais il ne faut pas que ces changements empêchent de les réconnaître; il est permis d'introduire passagèrement un trait de chant nouveau pourvu que le rhytme ne s'écarte pas de celui du chant principal; la plus grande unité est nécessaire dans ce genre de musique. Il faut aussi que le motif principal soit intéressant et facile à comprendre — Enfin le prélude doit finir dans le ton par lequel il a commencé.

Les Basses qui commencent à la page 151 de ces Partimenti sont à peu près composés dans ce genre. Ce travail fait avec soin et persévérance, familiarisera l'élève avec l'improvisation et le rendra capable de composer pour le Piano.

PARTIMENTI SANS CHIFFRES

On doit dabord étudier les *Partimenti* suivants avec les consonnances, et ensuite avec les Dissonnances, selon les règles précédentes.

(1) Le Tenor fait ici la Basse. C'est généralement ainsi qu'il faudra considérer le Tenor chaque fois qu'il se reproduira avec la clé d'*Ut* 4.me ligne.

LEÇON
122.

LEÇON
123.

(A)

LEÇON
124.

(1) On peut jouer ces Basses dans les mouvements vifs ou lents, selon sa fantaisie.

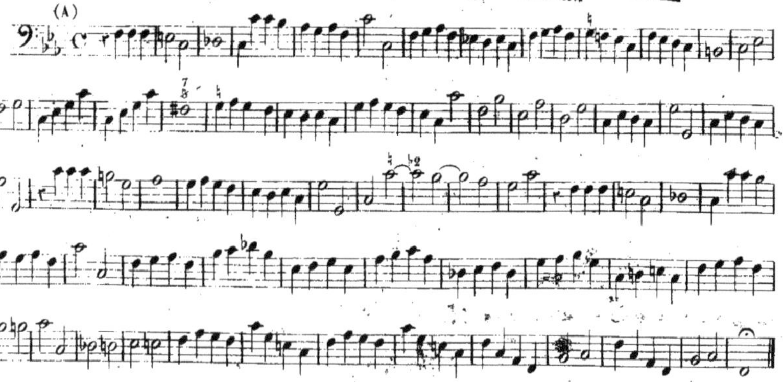

(A) Les anciens compositeurs supprimaient souvent à la clé un des accidents nécessaires au ton où l'on est.

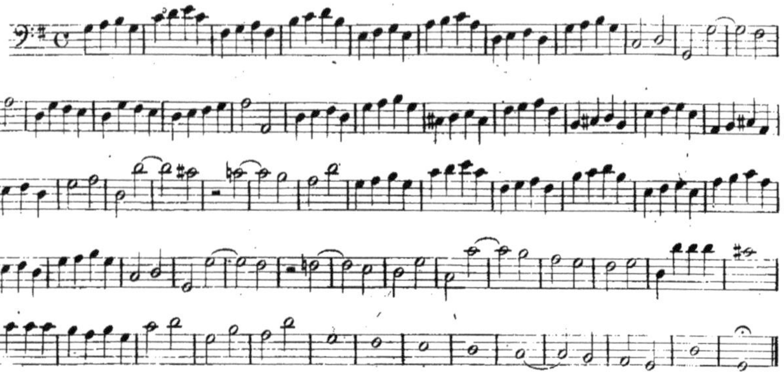

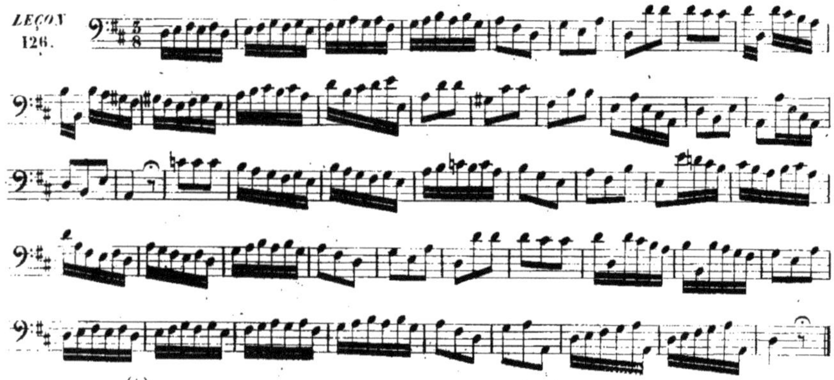

142
LEÇON 128.
LEÇON 129.
LEÇON 130.

(1) Il est bien important que l'élève écrive pour le Piano les Partimenti qu'il ne pourrait déchiffrer à cause des difficultés qu'ils présentent.

LEÇON
133.
LEÇON
134.

LEÇON 135.
LEÇON 136.
LEÇON 137.

(1) On ne doit jouer que les deux notes indiquées dans cette mesure, pour faire mieux sentir l'imitation de la basse.
(2) J'ai déjà dit que les anciens maîtres supprimaient souvent un des accidents qu'on place à la clé dans les Tons Mineurs, voilà pourquoi il n'y a ici à la clé que deux bémols.

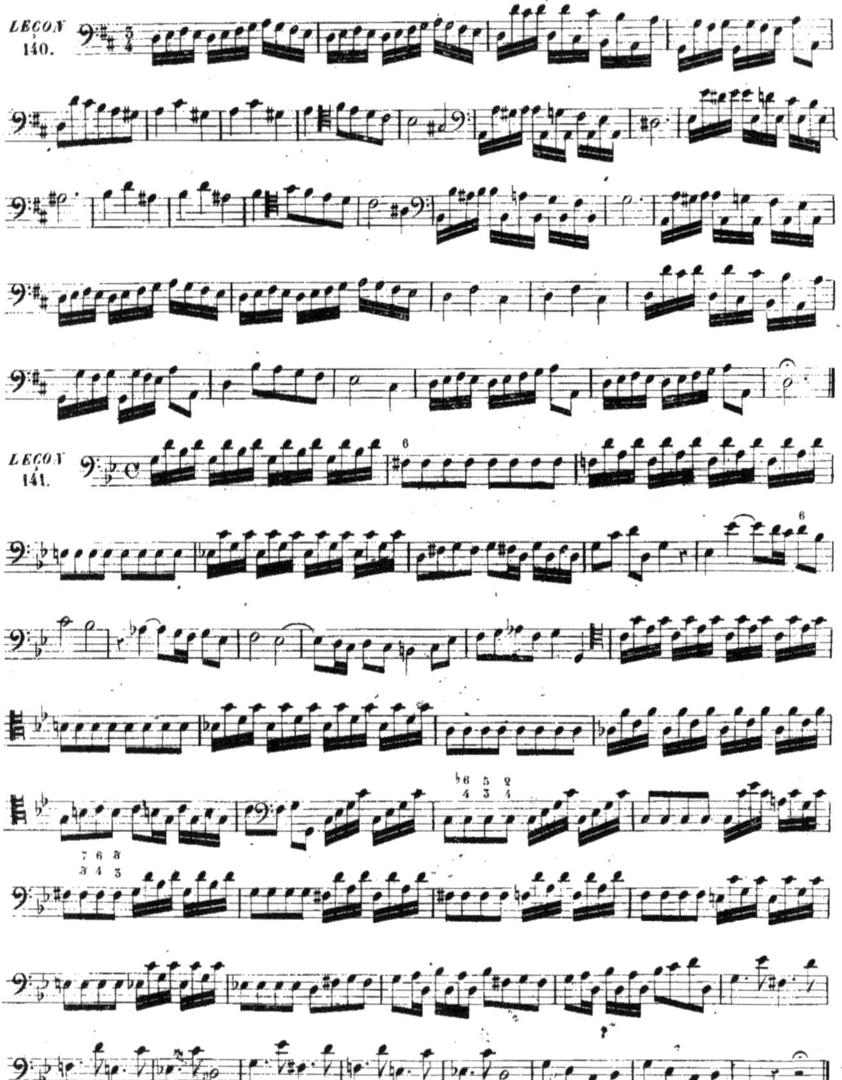
LEÇON 140.
LEÇON 141.

Il n'est pas absolument nécessaire dans les leçons suivantes, depuis cette page jusqu'à la page 174 de s'en te—nir au thème proposé; on peut avant de commencer la leçon au Piano chercher sur les dessins de la Basse d'autres thè—mes, selon sa fantaisie. Ainsi l'auteur propose ce motif  sur cette Basse, mais on pourrait trouver d'autres dessins, ceux- ci par exemple:

Il est bien néanmoins de se servir du thème donné par l'auteur, surtout lorsqu'on *déchiffre* la Basse. Chaque fois que le Dessin de la Basse revient, il faut jouer le Thème qu'on aura adopté; on chiffre les autres dessins que renferme la Basse d'après les règles que nous avons données dans la *Panharmonie* et dans ces Partimenti. Je vais réaliser au Piano deux des Basses suivantes afin de mieux faire comprendre à l'élève comment il doit procéder.

Moderato.

On rencontre dans les études de Piano la plupart des dessins dont ces Basses sont formées; il sera donc facile pour l'élève de trouver la partie que doit jouer la main droite. On doit se servir ici de la *position libre*, et rarement employer *l'accompagnement divisé*. Il faut que le dernier accord soit frappé dans la *première position*, afin que la note la plus élevée dans la main droite soit toujours la *Tonique*. On sait que dans le Piano, la main gauche représente et joue les parties basses tandis que la main droite fait les parties hautes et la mélodie.

Les Basses suivantes se rencontrent souvent dans les *Partimenti* à l'endroit où se font les cadences; voici comment on doit les chiffrer.

On peut consulter toutes les formules de Cadences que je donne dans cet ouvrage.

Voici encore une des Basses suivantes réalisée pour le Piano.

L'élève devra déchiffrer d'abord au Piano et devant son maitre chacune des Basses suivantes; puis il les chiffrera de différentes manières sur le papier: il cherchera ensuite plusieurs thêmes dont il se servira aussi. Je l'engage surtout à réaliser chaque Basse pour quatre voix, en se conformant alors aux principes de la composition sévère. Lorsqu'il saura bien accompagner une Basse, on exigera avant de passer à la leçon suivante, qu'il en compose une dans le même style. Pour bien exécuter ces *Partimenti*, il est à propos d'avoir étudié les études de Piano composées par les meilleurs maîtres.

PARTIMENTI POUR L'ÉTUDE DU PIANO.

THÈME
PRINCIPAL.
LEÇON 144.
THÈME
PRINCIPAL.
LEÇON 145.

(1) Les 2 signifient que la seconde moitié des notes sur lesquelles ils sont placés sont des retards. Dans l'ancienne école lorsque les chiffres ne sont pas tout-à-fait sur une note, l'accord désigné se frappe sur la seconde moitié de cette note, la première moitié représente alors un accord non renversé.

Archangelo Corelli dans ses *Sonates* pour le Violon a employé une basse semblable à celle qui précède.

(A) Ces chiffres signifient qu'il faut accompagner ces traits avec des tierces, comme il suit :

THÈME.
LEÇON 152.
THÈME.
LEÇON 153.

THÈME.
LEÇON 154.
THÈME.
LEÇON 155.

THÈME.

LEÇON 156.

THÈME.

LEÇON 157.

(1) Cette manière de frapper le dernier accord de la Cadence finale est très ancienne ; on ne doit pas l'imiter.

THÈME.
LEÇON 160.

THÈME.
LEÇON 161.
THÈME.

LEÇON 162
THÊME.
LEÇON 163

THÈME.

LEÇON 164.

THÈME.

LEÇON 165.

THÈME.

LEÇON 166.

THÈME.

LEÇON 167.

THÈME.

LEÇON 168.

THÈME.
LEÇON 169.
THÈME.
LEÇON 170.

(1) Ces deux octaves sont fréquemment employées dans la musique instrumentale. (A) Ces chiffres placés sur un soupir ou sur une pause quelconque expriment le même accord que celui qu'ils indiqueraient s'ils étaient placés sur la note qui les suit.

(1) Il faut bien se rappeler que les *Quintes* avec le changement de position ne comptent pas au Piano.

THÈME.
LEÇON 174.

765   765   765
#6   4 #
765   765
THÈME.
Allegretto.
LEÇON 175.
9 9 #4
#4   #6
4
#4   #4   4
#4   4 5 5

THÈME.

LEÇON 176.

THÈME.

LEÇON 177.

(A) Ces chiffres ne sont placés là que pour rappeler à l'accompagnateur qu'il faut frapper une dissonance de seconde sur la dernière moitié de ces notes.

THÈME.
LEÇON 178.
Largo.

THÈME.
Uniss.
LEÇON 179.
Solo.
LEÇON 180.

THÊME
LEÇON 181.
THÊME
LEÇON 182.

THÊME
LEÇON
183.
THÊME
LEÇON
184.

Partimento qui parcourt tous les modes tant majeurs que mineurs et qui doit être joué d'abord avec les consonnances et ensuite avec les dissonnances.

On donnera maintenant à l'élève quelques unes des partitions anciennes dont la Basse est toujours chiffrée; on pourra lui faire accompaguer aussi les leçons du *Solfége* d'Italie, et de celui du Conservatoire. On prendra ensuite les partitions d'opéra; on commencera par les Opéras anciens qui sont plus faciles; l'élève devra réduire les accompaguements d'orchestre pour le Piano, d'abord sur le papier, ensuite sur l'instrument, mais sans consulter alors ce qu'il aura écrit sur le papier.

En arrangeant la grande Partition pour le Piano, il faut rendre plutôt l'effet général, que les détails, et mieux encore l'effet général et les détails, si c'est possible. Un moyen de travailler avec fruit c'est de comparer son travail avec les partitions déjà arrangées pour le Piano. On pourra faire tout ce travail avec les *Symphonies* et les *Quatuors* et *Quintetti* d'instruments à cordes.

CONCOURS D'HARMONIE.

MUSIQUE VOCALE.

Les leçons suivantes écrites à quatre parties, ont été réalisées par des élèves de ma classe, aux concours d'Harmonie qui ont eu lieu à la fin de chaque année scolaire. Je les donne ici afin de mieux enseigner par les exemples comment on doit réaliser pour les voix les Basses qu'on trouve dans ce traité, lorsqu'on écrit dans le style sévère de l'école. Je traiterai cette matière d'une manière plus détaillée dans un ouvrage que je publierai bientôt. Voici néanmoins quelques règles générales qui pourront nous guider sûrement.

1º. On écrit toujours à quatre parties pour *Soprano, Contralto, Tenor* et *Basse,* avec ces quatre clés;

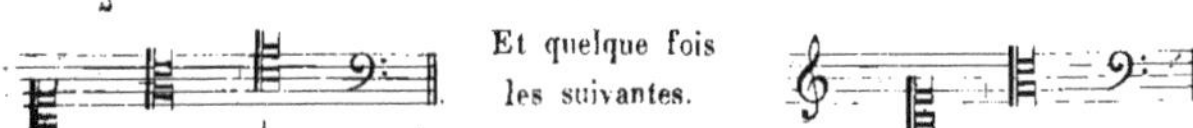

Et quelque fois les suivantes.

2º. On se sert des Chiffres anciens tels que je les donne dans ces *Partimenti* aux pages 5, 6, jusqu'à 17.

3º. On emploie tout ce qui est prescrit dans les trois premières parties de la *Panharmonie,* moins les cas suivants:

4º. Toutes les *Quintes* et toutes les *Octaves réelles* sont défendues; on ne tolère pour les Quintes et Octaves cachées que la première exception, en ayant soin de la placer dans une partie intermédiaire. On ne peut frapper un *Unisson* qu'aux temps faibles, lorsque l'accord est déjà entendu.

5º. Il ne faut pas doubler la Tierce, ni la supprimer.

6º. Il faut distribuer de la manière la plus convenable les notes des accords dans les quatre parties vocales. (Voyez la page 26 de la Panharmonie.)

7º. Il ne faut croiser les parties supérieures entr'elles que lorsque ce croisement est nécessaire pour faire des *imitations canoniques.* On ne croise pas avec la Basse.

8º. Tous les intervalles mélodiques qui portent le nom d'augmentés ou diminués, et tous ceux qui sont plus grands que la *Quinte juste,* sauf l'Octave, sont strictement défendus; on ne peut rigoureusement les employer que dans les *Marches d'Harmonie,* ou dans une *imitation.*

9º. Une ou même deux notes intermédiaires, si elles n'ont pas une grande valeur, ne peuvent pas sauver les fautes de Quintes et d'Octaves, et les intervalles mélodiques défendus, exemple;

10º. Les Quintes et Octaves retardées sont défendues: exemple:

11º. Il faut éviter avec soin les *Liaisons Boiteuses,* (Voyez la Panharmonie, à la page 29.)

On permet de faire la Syncope suivante,  au lieu de ce qui suit:

(1) On a tort de compter comme fautives ces Octaves

12º Il faut unir par un trait toutes les notes communes, exemple:

au lieu de

13º Il faut que la note sensible monte d'un dégré, ou du moins reste en place, au moment où l'on change d'accord.

14º On emploie beaucoup le premier et le troisième renversements des accords; le second n'est guère usité que dans la formule de Cadence; dans tout autre cas il faut éviter de le frapper au temps fort de la mesure; on doit toujours le préparer et le résoudre, excepté à la Cadence finale, lorsqu'il se fait avec l'accord de Tonique.

15º On emploie rarement les Cadences interrompues, parceque dans la musique sévère il faut donner le plus souvent aux accords leurs résolutions naturelles. Toutes les autres Cadences sont fréquemment employées.

On préfère cette formule,  à la suivante,

Celle-ci est encore meilleure que la précédente, exemple:

16º On emploie souvent l'accord de Septième Dominante avec ou sans fondamentale. Il est mieux dans ce style de préparer la Dissonance, surtout lorsqu'elle est placée à la Basse.

17º Les accords de Neuvièmes ne sont usités que sans leur note fondamentale; encore ne doit-on se servir que rarement de l'accord de *Septième sensible*.

18º Les Septièmes Dérivées ne sont usitées que dans les Marches d'Harmonie; on emploie pourtant les Septièmes de seconde et troisième espèces dans les formules de Cadences,

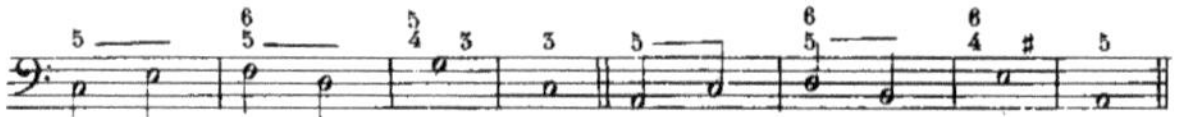

19º On évite généralement l'emploi des accords altérés; on fait pourtant quelquefois ce qui suit avant une Cadence,

20º On brise souvent les accords, mais on a égard alors à la règle donnée pour la musique sévère à la page 117 de la Panharmonie.

21º On fait un fréquent usage des Marches d'Harmonie.

22º On évite les Modulations forcées et toutes les fausses relations d'Octaves. On ne doit jamais doubler une note qui change chromatiquement.

23º Parmi les notes accidentelles on n'emploie que les *notes de Passage*, les *Broderies*, les *Suspensions* et la *Pédale*, et jamais les *Appogiatures* et les *Retards*.

24º Les Fautes qu'on fait avec les notes accidentelles sont comptées comme si elles se faisaient avec des notes réelles.

25º Les Suspensions doivent toujours descendre.

26°. On ne fait de doubles ou triples Suspensions qu'avec les accords de *Neuvième Tonique*, de *Onzième Tonique*, et de *Treizième Tonique*. Ce sont même les seuls accords étrangers qu'on emploie sur la Pédale. (1)

27°. Les notes de Passage et les Broderies ne doivent pas se placer à l'entrée de l'accord.

28°. On évite de faire une trop grande suite de Tierces ou de Sixtes.

29°. Il ne faut pas donner trop de mouvement à une même partie.

30°. On doit frapper tous les temps de la mesure.

31°. Il ne faut jamais placer plus de mouvement au temps fort qu'au temps faible; le contraire est permis.

32°. On doit faire un grand usage des Suspensions.

33°. On se sert le plus souvent des accords placés sur la *Tonique*, la *Sous-Dominante*, et la *Dominante* de la gamme; ce n'est que dans les Marches d'Harmonie que l'on emploie les accords sur tous les dégrés de la gamme.

• 34°. Il faut, en un mot, traiter son Harmonie de la manière la plus sévère et la plus naturelle, et éviter le plus possible les *exceptions*, quelle qu'elles soient.

35°. Il faut toujours commencer et finir par l'accord de la Tonique.

36°. On ne peut doubler une note suspendue qu'entre une partie supérieure et la Basse.

37°. Ce cas  est mauvais, parcequ'on double à l'Unisson la note suspendue, la résolution du *Sol*, *suspension*, sur le *Fa*, *note réelle*, ne se faisant qu'au troisième temps. En effet,  remplace  or, dans ce dernier exemple on ne pourrait pas faire ce qui suit:

38°. En général, les Dissonances qui ont besoin de préparation ne doivent pas changer de place pendant la durée de l'accord dont elles font parties; voici comment on les brode:

39°. Il ne faut pas oublier qu'on écrit ici pour les voix, et non pour les instruments. On doit donc éviter tout ce qui serait trop sautillant, et trop difficile pour l'intonation.

40°. Il faut de beaux accords, bien enchaînés, et de riches imitations; les voix doivent toujours chanter d'une manière élégante.

(1) Si ce n'est dans les Marches d'Harmonie.

CONCOURS DE 1840.(1)

HARMONIE.

Basse donnée par M. CHÉRUBINI pour être chiffrée et réalisée à quatre parties.

Accessit décerné à M. **H. DECOURCELLE**, élève de M. **H.ᵗᵉ COLET**.

(1) Ce Concours a été le premier de ma Classe.

Imitation
de la Basse

Imit. canonique
Imit. canonique
Imit. de la

basse
Imit.

CONCOURS DE 1840.

HARMONIE.

Chant donné par M.ᵣ CHÉRUBINI pour être accompagné à quatre parties vocales.

Accessit décerné à M.ᵣ **H. DECOURCELLE**, élève de M.ᵣ **H.ˡᵉ COLET.**

CONCOURS DE 1841.

HARMONIE.

CHANT DONNÉ À ACCOMPAGNER À 4 PARTIES.

Accessit décerné à M? Fred. Kohler, Élève de M? H?? Colet.

(1) Il vaudrait mieux commencer par l'accord de la Tonique dans les leçons de concours.

CONCOURS DE 1842.
HARMONIE.

CHANT DONNÉ À TRAITER À 4 PARTIES.
2ᵉ Prix décerné à Mʳ A. Gúerreau, élève de Mʳ Hᵗᵉ Colet.

(1) Il y a ici entre le chant et la Basse un canon continuel; mais il est plus facile d'obtenir une *réalisation* pure et élégante en ne pas se conformant à cette imitation canonique qu'on trouve entre le chant et la Basse.

(1) La Basse, que j'ai perdue, était traitée avec beaucoup de talent.

CONCOURS DE 1842.

HARMONIE.

CHANT DONNÉ À TRAITER À 4 PARTIES.

Accessit décerné à M. Ch. **LEBOUC**, élève de M. H. COLET.

Imit.
Imit.
Imit.
Imit.
Imit.
Imitation.
Motif principal.
Canon avec la Basse.
Imit.
Imit.
Imit.
Imit.
Canon avec le chant.

CONCOURS DE 1843.

HARMONIE.

BASSE DONNÉE À TRAITER À 4 PARTIES.

1er Prix décerné à M. A. *GUERREAU*, élève de M. H. COLET.

(1) Le chant de ce concours que je ne puis insérer ici était supérieurement écrit.

Imitation.
Imitation.
Imitation.
Imitation.
Imitation.
Imitation.
Imitation.
Imitation.
Imit.

CONCOURS DE 1843.

HARMONIE.

BASSE DONNÉE À TRAITER À 4 PARTIES.

2ᵈ Prix décerné à l'unanimité à Mˍʳ Ch. **LEBOUC**, élève de Mˍʳ COLET.

(1) Cette Basse offre une des plus belles réalisations qu'on puisse faire dans un jour donné pour concourir, au milieu de toutes les émotions qu'on éprouve dans un moment aussi solennel pour les élèves. Je donne cette leçon telle qu'elle a été présentée au Concours.

Imitation.
Imitation.
Imit
Basse.
Imitation de la Basse.
Imit
Imitation.
Imit
Imit

CONCOURS DE 1843.

HARMONIE.

BASSE ET CHANT DONNÉS POUR ÊTRE RÉALISÉS À 4 PARTIES.

1er Accessit décerné à Mr. A. DOIN, élève de Mlle COLET.

Imitation de la Basse.
Imitation de la Basse.
Imit.
Imit.
Imit.
Imit.

CHANT.

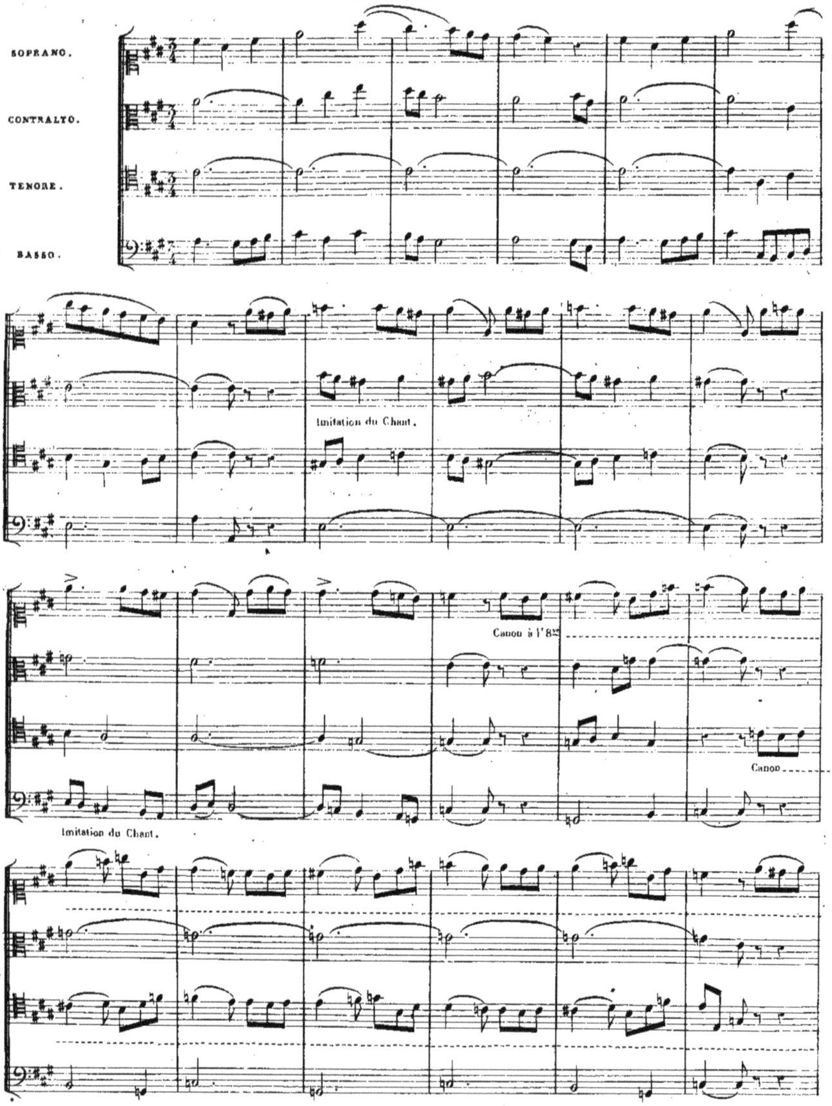

Imit.
Canon à l'8.
Imit.
Imit du chant.
Canon
Imit

CONCOURS DE 1844.

HARMONIE.

BASSE DONNÉE À CHIFFRER ET À ÉCRIRE À 4 PARTIES.

1er. Prix décerné à l'unanimité à Mr. Ch. **LEBOUC**, élève de Mr. Hte COLET.

CONCOURS DE 1844

HARMONIE.

CHANT DONNÉ À ÉCRIRE À 4 PARTIES.

1er Prix décerné à l'unanimité à M! Ch. **LEBOUC**, Élève de M! H!e COLET.

Imitation.
Imit.
Imit.
Imit.
Imit.
Imit.
Imit.
Imit.
Imit.

CONCOURS DE 1844.

HARMONIE.

BASSE ET CHANT DONNÉS POUR ÊTRE RÉALISÉS À 4 PARTIES.

2ᵈ Prix décerné à l'unanimité à Mᵣ **S. MANGEANT**, élève de Mᵣ COLET.

(1) Le 2ᵈ prix a été partagé entre Messieurs Mangeant et Crévecoeur.

CHANT.

SOPRANO.
CONTRALTO.
TENORE.
BASSO.
Deux parties font imitation avec le chant.
Imit.
Imit.

Imitation.
Imitation.
Canon.

CONCOURS DE 1844.
HARMONIE.

(1) Ce second prix a été partagé.

CHANT.

CONCOURS DE 1844.

HARMONIE.

BASSE DONNÉE À CHIFFRER ET À RÉALISER À 4 PARTIES.

1.ᵉʳ Accessit décerné à M.ʳ L.ᵉᵉ **COHEN**, Élève de M.ʳ H.ᵗᵉ COLET.

CONCOURS DE 1844.

HARMONIE.

BASSE DONNÉE POUR ÊTRE RÉALISÉE À 4 PARTIES.

2.me Accessit décerné à M.^r Ch. **PASTA**, Élève de Mr H.ⁿ COLET.

CONCOURS DU 15 JUILLET, 1845.

HARMONIE VOCALE ET INSTRUMENTALE.

BASSE DONNÉE POUR ÈTRE CHIFFRÉE ET RÉALISÉE À QUATRE PARTIES VOCALES.

1ᵉʳ Prix décerné à l'unanimité à Mʳ E. **CRÉVECŒUR**, Élève de Mʳ Hᵗᵉ COLET.

STYLE SÉVÈRE ET FUGUÉ.

Dessin
Imit:
Imit

CONCOURS DU 13 JUILLET, 1845.

HARMONIE VOCALE ET INSTRUMENTALE.

CHANT DONNÉ POUR ÊTRE ÉCRIT À 4 PARTIES INSTRUMENTALES.

1er Prix décerné à l'unanimité à M. E. CRÉVECŒUR, élève de M. H te COLET.

COMPOSITION DANS LE GENRE LIBRE.

CONCORS DU 13 JUILLET, 1845.

HARMONIE VOCALE ET INSTRUMENTALE.

BASSE DONNÉE POUR ÊTRE CHIFFRÉE ET RÉALISÉE À QUATRE PARTIES VOCALES.

2.ᵈ Prix décerné à l'unanimité à M.ᵣ H. *GASPERS*, élève de M.ᵣ H.ᵗᵉ COLET.

STYLE SÉVÈRE ET FUGUÉ.

Imit
Imit
Imitation du quan
Imit
Imitation Canoni-
tité.
Imit
Imitation du
Imitation Canonique.
que.
Contr'alto.
Imit.
Imit. de la Basse.

CONCOURS DU 13 JUILLET, 1845.

HARMONIE VOCALE ET INSTRUMENTALE.

CHANT DONNÉ POUR ÊTRE ÉCRIT AVEC QUATRE PARTIES INSTRUMENTALES.

2.ᵈ Prix décerné à l'unanimité à M.ᵈ H. *CASPERS*, élève de M.ᵈ H.ᵗᵉ COLET.

COMPOSITION DANS LE GENRE LIBRE.

CONCOURS DE 1846.

HARMONIE.

BASSE A REALISER A 4 PARTIES VOCALES.

2.^d Prix decerné à l'unanimité à Mr *E. HIE*, élève de Mr *H.^{te} COLET*.

CONCOURS DE 1846.

HARMONIE.

CHANT DONNÉ POUR ETRE TRAITÉ À 4 PARTIES VOCALES.

2.ᵈ Prix decerné à M.ʳ *E. HIE*, élève de M.ʳ *H.ᵗᵉ COLET.*

CONCOURS DE 1846.

HARMONIE.

CHANT DONNÉ POUR ÊTRE TRAITÉ A 4 PARTIES VOCALES.

1er Accessit décerné à M. *BORDIER*, élève de M. H. *COLET*.

CONCOURS DE 1846.

HARMONIE.

BASSE À RÉALISER À 4 PARTIES VOCALES.

2ᵐᵉ Accessit decerné à M.ʳ *DELEDIEQUE*, élève de M.ʳ H.ᵗᵉ *COLET*.

CONCOURS DE 1847.

HARMONIE.

BASSE DONNÉE POUR ÊTRE RÉALISÉE A 4 PARTIES VOCALES.

1er Prix décerné à l'unanimité à Mr *GASPERS*, élève de Mr *Hte COLET*.

Imit
Imit
Imitation triple
Imit
Imit
(A)
Imit a contre temps de la lettre A
Imit Canonique

CONCOURS DE 1847.

HARMONIE.

BASSE DONNÉE POUR ÊTRE RÉALISÉE À 4 PARTIES VOCALES.

2me Prix decerné à M. *BORDIER*, élève de M. *H.te COLET*.

Imit
Imit de la basse

CONCOURS DE 1847.

HARMONIE.

CHANT DONNÉ POUR ÊTRE ÉCRIT À 4 PARTIES VOCALES

2me Prix décerné à M.ʳ *BORDIER*, élève de M.ʳ *H.ᵗᵉ COLET*.

Allegretto.

CONCOURS DE 1847.

HARMONIE.

BASSE DONNÉE POUR ÊTRE RÉALISÉE À 4 PARTIES VOCALES.

1er Accessit décerné à M! *TRANCHEPAIN*, élève de M! H!e *COLET*.

CONCOURS DE 1847

HARMONIE.

CHANT DONNÉ POUR ÊTRE TRAITÉ À 4 PARTIES VOCALES.

1er Accessit décerné à M. *A. TRANCHEPAIN*, élève de M. *H^{te} COLET*.

Allegretto.

SOPRANO.

CONTRALTO.

TENORE.

BASSO.

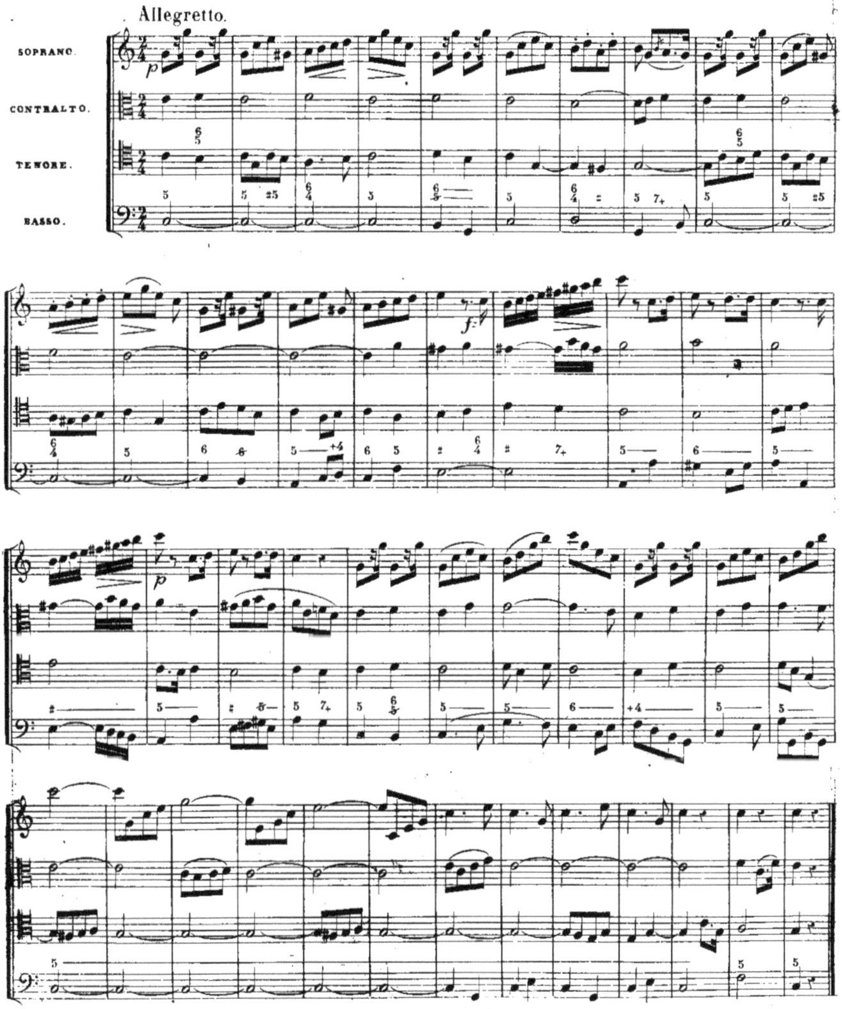

CONCOURS DE 1847.

HARMONIE.

BASSE DONNÉE POUR ÊTRE RÉALISÉE À 4 PARTIES VOCALES.

2.me Accessit décerné à Mr *A. NIBELLE*, élève de Mr *H.^{te} COLET*.

Imit de la Basse
Imit
Imit
Imit
Imit

Dessin
Imit

CONCOURS DE 1848.

HARMONIE.

CHANT ET BASSE DONNÉS, RÉUNIS POUR ÉCRIRE À 4 PARTIES.

2.me Prix *(prix unique)* décerné à M.r *A. NIBELLE*, élève de M.r *COLET*.

(1) Larghetto.

(1) Ce signe _ _ _ _ indique le chant ou la basse qui ont été donnés.

Imit. du chant donné

Imit. du Ténor
Imit. du Soprano

Allegretto.

Canon
Canon
76

Canon
Canon

Canon
Canon

65

La partie de Ténor transportée au Soprano
La partie de Basse transportée au Contralto
La partie de Contralto transportée au Ténor

CONCOURS DE 1850.

HARMONIE.

CHANT DONNÉ POUR ÊTRE ÉCRIT A 4 PARTIES.

1er Prix decerné à M. *A. NIBELLE*, élève de M. H.te COLET.

Mod.to sostenuto.

CONCOURS DE 1850.

HARMONIE.

BASSE DONNÉE POUR ÊTRE RÉALISÉE À 4 PARTIES VOCALES.

1er Prix décerné à M. *A. NIBELLE*, élève de M. *Hte COLET*.

Marche du commencement réalisée d'une manière différente

Largo.
Rall.

CONCOURS DE 1850.

HARMONIE.

BASSE DONNÉE POUR ÊTRE RÉALISÉE A 4 PARTIES VOCALES.

1er Accessit decerné à M.r **WIENIAWSKY**, élève de M.r H.te COLET.

Canon avec le Ténor
Canon avec le Soprano
Dessin
Dessin
Canon
Canon
Imit. canonique à contre temps
Imit

Imit. Canonique avec le Ténor
Imit.
Dessin
Imit. Canonique avec le Ténor
Dessin
Motif principal par mouvement contraire
Dessin
Dessin
Canon avec le Contralto
Largo.
Canon avec le Soprano
Dessin
Largo.
Dessin
Largo
Largo.

CONCOURS DE 1850.

HARMONIE.

CHANT DONNÉ POUR ÊTRE TRAITÉ À 4 PARTIES VOCALES.

1ᵉʳ Accessit décerné à Mʳ **WIENIAWSKY**, élève de Mʳ Hᵗᵉ COLET.

(1) Le chant est donné pour être réalisé pour 2 Soprani, Tenor et Basse.

Dim
Imit.
p
Morendo
pp
Morendo
pp

CONCOURS DE 1850.

HARMONIE.

BASSE DONNÉE POUR ÊTRE RÉALISÉE À 4 PARTIES VOCALES.

2me Accessit décerné à M. *TAITE*, élève de M. H^{te} COLET.

Largo.

CONCOURS DE 1850.

HARMONIE

CHANT DONNÉ POUR ÊTRE TRAITÉ À 4 PARTIES VOCALES.

2me Accessit décerné à Mr *TAITE*, élève de Mr H^{te} COLET.

CONCOURS DE 1851.

HARMONIE.

BASSE DONNÉE POUR ÊTRE RÉALISÉE À 4 PARTIES VOCALES.

(1) 2ᵐᵉ Prix décerné à l'unanimité à Mʳ *TAITE*, élève de Mʳ *Hᵗᵉ COLET*.

(1) Cet élève remporta l'année suivante le 1ᵉʳ prix d'harmonie.

Imit
Imit
Imit
Imit

Canon
Canon

Imit
Imit
Imit
Imit

Canon a 3 parties
Canon
Canon
Imit. contraire du 1er Motif de la Basse

CONCOURS DE 1851.

HARMONIE.

CHANT DONNÉ POUR ÊTRE TRAITÉ À 4 PARTIES VOCALES.

2^{nie} Prix décerné à l'unanimité à Mr *TAITE*, élève de M^r *H^{te} COLET*.

Ce fut le dernier Concours de la classe de Mr H^{te} COLET; ce regrettable professeur avait succombé quelques jours avant qu'on proclamât son dernier triomphe. *(E. Crèvecœur.)*

TABLE

DES MATIÈRES CONTENUES DANS CET OUVRAGE.

FIN DE LA TABLE.